YAŞAMIN DİĞER BİR PENCERESİ: OTİSTİK ÖZELLİKLERE SAHİP ÇOCUK BABALARI VE DUYGULARI

Prof. Dr. Füsun Akkök
Arş. Gör. Bilge Uzun Özer

Özgür Yayınları Kurucusu: Refik Ulu

Özgür Yayınları: 208

Yayın hakları:
Özgür Yayın Dağıtım Ltd. Şti.

Birinci basım: Nisan 2005

Kapak: Faruk Otaner
Dizgi: Özgür Yayınları
Dizgi Karakteri: Palatino Türk, 10/12
Basım ve Cilt: Kurtiş Matbaası

ÖZGÜR YAYINLARI
Ankara Cad. 31/4-5 Cağaloğlu - İstanbul
Tel: (0212) 528 13 30 - 526 25 13 - 526 35 01
Fax : 527 57 78
www.ozguryayinlari.com
info@ozguryayinlari.com

YAŞAMIN DİĞER BİR PENCERESİ:
OTİSTİK ÖZELLİKLERE SAHİP ÇOCUK BABALARI VE DUYGULARI

Prof. Dr. Füsun AKKÖK
Arş. Gör. Bilge Uzun ÖZER

Değerli okurlarımız ve eğitimcilerimiz, yayınlarımız hakkında eleştiri, öneri ve görüşlerinizi aşağıda belirttiğimiz e-posta adresimize yazarak bizleri uyarabilirsiniz.

Yeni çıkan yayınlarımız hakkında bilgi edinmek ve öncelikli haber almak için

info@ozguryayinlari.com'a adınızı, soyadınızı, adresinizi, telefon numaranızı, mesleğinizi ve e-posta adresinizi bize yazınız.

Sitemizi ziyaret etmek için

www.ozguryayinlari.com'u tıklayınız.

Saygılarımızla

İÇİNDEKİLER

Önsöz ve Teşekkürler 7
Otizme Dair 9
Giriş 11
Bir Felaketi Zafere Dönüştürmek 15

BÖLÜM 1
Çocuğunuzun Farklı Özellikleri Olduğunu
İlk Öğrendiğinizde Yaşadığınız Duygular? 21

BÖLÜM 2
Farklı Özelliklere Sahip Bir Çocuk
Kendimizde ve Yaşantımızda Ne Gibi
Değişiklikler Meydana Getirdi? 45

BÖLÜM 3
İlk Günleri, Yılları ve Bugünleri
Karşılaştırdığımızda Çocuğumuzda
Ne Gibi Değişiklikler Gözlüyoruz? 63

BÖLÜM 4
Farklı Bir Çocuk Anne Babası Olarak
Çevrenizden ve Uzmanlardan Nasıl Bir
Yardım Aldınız? 83

BÖLÜM 5
Siz Benzer Durumdaki Anne Babalara
Nasıl Bir Yardım Yaptınız? Nasıl ve Ne Yönde
Yardım Almak İstersiniz? 103

BÖLÜM 6
Görüşmelerden Sonra Neler Hissettiniz? 117

BÖLÜM 7
Yeni Bir Yılda Çocuğunuzla ve Kendinizle
İlgili Gerçekleştirmek İstedikleriniz 129

Son Söz 141

ÖNSÖZ VE TEŞEKKÜR

Bu çalışmaya Ankara'da İlgi Otistik Çocuklar Eğitim Merkezi'ne devam etmekte olan çocukların babalarından gönüllü olanlar katılmıştır.

Babalarla mülakatlar yapılarak, onların duyguları, düşünceleri ve deneyimlerine ilişkin bilgiler toplanmış ve bu bilgiler belli başlıklar altında gruplandırılmıştır.

Toplumumuzun, farklı özelliğe sahip ailelerinin yaşadıklarını daha iyi anlamaya ve tanımaya gereksinim duyduğuna inanmaktayız. Böylece onları tanıma, anlama ve kabul etme sürecinin kolaylaşacağını düşünmekteyiz.

Bu düşünceden hareketle, Orta Doğu Teknik Üniversitesi'nde verilmekte olan bir yüksek lisans dersi kapsamında, Bilge Uzun Özer, Aysel Koçanoğlu, Ümit Pembecioğlu Oktamış ve Nihan Öney babalarla mülakatları gerçekleştirmişlerdir. Dersin öğrencilerinden Bilge Uzun Özer kitabın yazılmasında da büyük katkı sağlamış ve ortak yazar olmuştur. İsimler, babaların isteği doğrultusunda saklı tutulmuştur.

Kitapta bizimle duygularını, düşüncelerini ve beklentilerini içtenlikle paylaşan babalarımıza çok teşekkür ediyoruz.

Ayrıca, İlgi Özel Eğitim Merkezi yöneticisi Nejla Aslankurt ve İnci Doğan'a, öğretmenlerimiz Hacı Şahin, Mustafa Sungur ve Serkan Azap'a çalışmamıza verdikleri desteklerinden dolayı minnettarız.

Bu kitabın, toplumumuzun, farklı özelliği olan aileleri, babaları onların yaşadıklarını ve toplumdan beklentilerini anlamaları yönünde katkı sağlayacağını ümit ediyoruz.

OTİZME DAİR

Bu kitapta; duygularını, yaşantılarını paylaşmaya çalıştığımız babalar, otistik özelliğe sahip çocuk babalarıdır... Bu nedenle, siz okuyucularımıza "Otizm"e dair kısa bilgi vermeyi amaçladık.

Otizm, sosyal ve iletişim becerilerinin gelişmesini olumsuz yönde etkileyen, sosyal ilişkilerde ve konuşmada güçlük; sessiz iletişimde, oyun oynama hayal gücünü kullanmada zorlanma ve değişikliklere karşı tepki ve direnç gösterme belirtilerini gösteren bir gelişim bozukluğudur.

Otistik çocukların ailelerinin ilk dikkatini çeken ve onları etkileyen özelliklerden biri konuşmanın gecikmesidir. Konuşma geriliğinin yanı sıra, bu çocuklarda söylenen sözcükleri tekrarlama ve kelime uydurma gibi konuşma bozuklukları da görülebilir.

Her çocuğun kendine özgülüğünü hep hatırlatarak, otistik bir çocuğun genel özellikleri şöyle belirtilebilir:

- Başkalarına karşı ilgisizdir,
- Göz temasından kaçınır,
- Başkaları ile kendiliğinden iletişim kurmaz,
- İsteklerini bir yetişkinin ellerini kullanarak belirtir,
- Diğer çocuklarla oynamaz,
- Sürekli bir konu üzerinde konuşur, sebepsiz şekilde ağlar, güler ve sebepsiz davranışlarda bulunur,

- Anlamsız sözleri üst üste tekrarlar,
- Nesneleri tutup, sürekli döndürmekten hoşlanır; değişikliklerden hoşlanmaz,
- Yaratıcılık gerektiren oyunları oynayamaz,

Otizmin nedeni tam olarak bilinmemektedir. Genetik faktörler, bazı hastalıklar, çeşitli çevresel faktörlerin otizme yol açtığı literatürde belirtilmektedir.

Ailenin, otizme ilişkin bilgi sahibi olması, çocuğunun özelliklerini tanıması ve kabul etmesi, çocuğunun tedavisi için en önemli çıkış noktası olmaktadır. Eğitim ve tedavi çalışmalarında, ailenin de aktif olarak içinde yer aldığı bir ekip çalışması gereklidir. Uygun eğitim ve tedavi ortamlarında, her çocuk kendi özellikleri ve sınırlılıkları ölçüsünde gelişim göstermektedir.

GİRİŞ

Farklı özelliği olan bir çocuğa annelik-babalık etmenin güçlükleri konusunda çok çeşitli yayınlar ve araştırmalar vardır. Ailelerle uzun yıllardır süren çalışmalarımız, bu yönde gözlem ve deneyimlerle doludur. Ancak, yine bilinen bu nokta; genellikle bu süreçte annelerin, duygularını ve deneyimlerini daha fazla ifade ettiği, onların katıldığı eğitim ve psikolojik destek gruplarının daha yaygın olduğudur.

Babaların, çocuklarının eğitimine katılması ve onlarla birlikte zaman geçirmesi son yirmi yılın önemli gelişmelerindendir. Annelerin duygusal desteğinin anne-çocuk ilişkisini de olumlu yönde etkilediği ve aile içi etkileşime ve uyuma olumlu katkı sağladığı bilinmektedir. Aynı zamanda babaların çocuklarıyla yoğun etkileşimi, çocukların gelişimini de olumlu yönde etkilemektedir. Böyle bir süreçte, babaların da kendilerini daha iyi hissettikleri, hastalık, kaygı belirtilerinin azaldığı, kendilerine güvenlerinin arttığı ve evliliklerinde de daha mutlu oldukları gözlemlenmiştir (Lamb,1996). Babaların katılımının, çocukların okul uyumunu ve akademik başarılarını da artırdığı bilinmektedir (Molzan, 2001).

Farklı özelliği olan çocuk anne-babaları, normal çocuğu olan ailelerle hem benzer hem de farklı duygu ve deneyimleri yaşamaktadırlar. Babalar da anneler gibi, çocuğun tanısıyla birlikte karmaşık ve farklı bir sürece girmektedir.

Ailelerin farklı özellikleri olan çocukları olduğunu ilk duyduklarında, öğrendiklerinde yaşadıkları duygular çok karmaşık duygulardır. Her ailenin kendine özgülüğünden, farklı kişilik özellikleri ve sosyal destek örüntüleri olduğundan yola çıkılarak, ailelerin yaşadıklarının hem benzerlikler hem de farklılıklar gösterdiği düşünülebilir. Ailelere çocuklarının durumuna ilişkin ilk bilgilerin nasıl verildiği, ailenin uyum sürecini belirleyen en önemli nedenlerden biridir. Anne babalara doğru bilgi verilerek uygun bir yaklaşımla iletişim kurulduğunda, ailenin bu beklemedikleri ve hazır olmadıkları duruma uyum sağlamada çok olumlu bir başlangıç yaptıkları düşünülür. İlk anda, günlerde, aylarda, yıllarda yaşanılan duygular, uzmanların ailelerle ilk iletişiminin nasıl olduğu ile çok yakından ilişkilidir. Bu ilk etkileşime bağlı olarak anne-baba kızgınlık, kırgınlık, yalnızlık ve çaresizlik duygularını çoğunlukla ve sürekli yaşayabilir, ya da kendini ve çocuğunu geliştirme yönünde daha güdüleyici ve destekleyici bir yaklaşımla gelişim sürecine olumlu bir başlangıç sağlar. Bu ilk etkileşim, anne babanın çocuğa karşı temel tutumlarının oluşmasında da önemli bir temel taştır.

Ailelerin tepkilerini açıklayan çeşitli modeller vardır. Bunlardan en bilineni "Aşama Modeli" olarak belirtilen ve ailelerin çeşitli aşamalardan geçerek kabul ve uyum aşamasına geldiğini varsayan modeldir. Buna göre, farklı özelliği olan çocuğu olduğunu öğrenen anne babalar, ilk aşama olarak duygusal bir karmaşıklık içine girerler; davranışlar, düşünceler karmaşıktır. Daha sonra yas, aşırı üzüntü, hayal kırıklığı, kaygı, red, suçluluk ve savunma mekanizmalarının yoğun yaşandığı tepkisel aşama gelir. Bunu "Ne yapabilir? Neler yapabilirim?" sorularının sorulmaya başlandığı uyum ve duruma alışma süreci takip eder; aileler daha sonra bilgi ve becerilerini geliştirmeye, çocukları ve kendileri için planlar yapmaya ve geleceği düşünmeye başlarlar.

İkinci model "Sürekli Üzüntü Modeli"dir. Bu yaklaşıma göre, aileler gerek aile içi yaşantıları, gerekse toplumsal tepkilere bağlı olarak sürekli bir üzüntü ve kaygı içerisindedirler. Bu doğal bir süreç olarak algılanmakta ve patolojik olarak düşünülmemektedir. Çocuğun farklılığının kabulü ve üzüntü bir arada yaşanabilir ve ailenin uyum süreci böylece gelişir. Çocuğun durumuna üzülen bir anne ya da baba, aynı zamanda çok çabalayan ve çocuğunun gelişimi için uğraşan bir anne baba da olabilir.

Üçüncü model olan "Kişisel Yapılanma Modeli", duygulardan çok bilişi temel almakta ve ailelerin farklı tepkilerini, bu duruma getirdikleri farklı yorumlara, farklı algılara bağlamaktadır. Diğer bir deyişle, anne babaların kendilerine ve çocuklarına ilişkin geçmiş deneyimleri ve beklentileri ailelerin tepkilerini belirlemektedir. Aileler hamilelik dönemi boyunca ve içinde yaşadıkları çevrenin de değer yargılarına bağlı olarak, gelecek yaşantılarına, çocuklarının geleceğine ilişkin bilişsel yapılar oluştururlar. Farklı özelliği olan bir çocuğun doğumu, bu oluşmuş yapılara uymadığı için aile yoğun bir kaygı yaşar; bu şok döneminin ardından aile tekrar bir yapılanma sürecine girerek kendilerine ve çocuklarına ilişkin farklı yapılar oluşturmaya başlar.

Dördüncü model ise "Çaresizlik, Güçsüzlük ve Anlamsızlık" modelidir. Farklı özellikleri olan bir çocuğun anne babada yarattığı duygular, yakın çevrenin (büyükanneler, büyükbabalar, arkadaşlar) tepkileriyle çok yakından ilişkilidir. Onların, durumu olumsuz ve çaresizlik içinde algılaması anne babanın da benzer duygular içine girmesine neden olmaktadır. Çaresizlik ve güçsüzlük, yeni bir bebeğin doğumunda tüm anne babalarca yaşanabilecek bir duygu olmakla birlikte, yakın çevrenin farklı özelliği olan çocuğa karşı tepkileri, anne babanın tepkilerinin, duygularının şekillenmesinde temel teşkil eder.

Tüm bu modeller bize ailelerin neler yaşadıkları konusunda ipuçları vermektedir. Her ailenin kendine özgü olduğu, yaşadıklarının ve gelişimlerinin kendine özgü olacağı da hep hatırlanmalıdır.

Babaların da anneler gibi, kaygı yaşadıkları ve tanıdan sonra anneler kadar bilgi edinemedikleri literatürde belirtilmektedir. Bugün, toplumumuzda ve birçok kültürde, babalar "duygularını saklamayı" ve "evde düzeni kurmayı" içselleştirmişlerdir ve bu nedenle annelere oranla duruma uyum sağlamada daha fazla güçlükler yaşadıkları da bilinmektedir. Çocuğun farklılığı, hemen doğuşundan sonra fark edilmemişse; babaların, durumu kabul etme sürecinin uzadığı da gözlenmektedir.

Anneler ve babalar duyguları yönünden karşılaştırıldığında, babaların duygusal tepkilerinin yoğunluğunun annelere oranla daha az olduğu ve onların uzun vadeli sorunlarının çözümüne yoğunlaştıkları da gözlenmektedir. Çocuğun geleceği ve toplumdaki yerinin ne olacağı da babaların yoğun yaşadığı endişeler olmaktadır. Ayrıca babaların uyum sürecini nasıl yaşadığı diğer aile bireylerinin de uyumunu doğrudan etkilemektedir. Babanın içine kapanması, durumu kabul etmekte güçlük yaşaması tüm ailenin zorlanmasına ve sürecin daha karmaşık hale gelmesine yol açmaktadır.

Tüm aile fertlerinin birbirine destek sağladığı ve farklı özelliği olan çocuğun başarabildiklerinin, güçlü yönlerinin ön plana çıktığı ev ortamları gelişim için en uygun ortamlar olmaktadır.

Kaynak:

Dale, N. (1996). *Working with Families of Children with Special Needs*, London: Routledge.

Lamb, M. E. (1996). *Fathers and Child development: An introductory overview and guide.* In M.E. (Ed.), The role of the father in child development (s. 1-18). New York, John Wiley.

Molzan, J. (2001). *Çocuğun Yaşamında Babanın Rolü ve Önemi*, Sempozyum Raporu, Ana Çocuk Eğitim Vakfı Yayın No:12, İstanbul.

BİR FELAKETİ ZAFERE DÖNÜŞTÜRMEK

"Bir felaketten zafer elde edilir mi?" diyeceksiniz. Cevabım "evet" olacaktır. Çünkü bunu ben yaşadım. Kardeşim Olcaytu doğduğunda ben 7 yaşındaydım. İlkokula yeni başlamıştım. Kardeşimi ben istemiştim ve büyük umutlarla beklemiştim. Onun özürlü bir bebek olduğunu öğrenmemiz uzun sürmedi. Down Sendromu denen bir özür, genetik bir yapı bozukluğu olduğundan tedavisi yoktu ve tüm hayatı boyunca devam edecekti.

Evimizde felaket rüzgârları esiyordu. Annem işinden ayrılmış, dünya ile ilişkisi kesilmişti; evden dışarı çıkmıyor, eve gelenlerle görüşmüyordu. Bu şekilde aylar geçti. Metin olmaya çalışan babam, evimizin iki balkonunu da saksılarla doldurarak onlarca çeşit çiçek fideleyerek, dünyanın güzelliklerinden kaçan anneme, güzelliklerin bitmediğini hatırlatıyordu âdeta. Evet, önce annemi desteklemek gerekiyordu. O olmasa ne yapardık? Babamın tanıdığı bir psikoloji profesörünün yardımıyla annem özel psikoterapi seanslarına başladı. Bu arada maddi sıkıntılar da kapımızı çalmıştı. Yaşanamayacak derecede korkunçtu o günler. Ama ilk adım başarılı olmuştu; annem çevresine ördüğü duvarları yıkmış, dünyaya yeniden açılmıştı. Psikoterapi onu, âdeta başka bir hayat felsefesiyle yeniden dünyaya getirmişti.

Annem ve babam büyük risklere atılarak, yani daha önce düşünmeyecekleri miktarda borçlar alarak yepyeni bir iş kurdular. Babam, şehir dışındaki işinden ayrılmış şehir içinde bir işe geçmişti. Annem bütün gün yeni işinde çalışıyor, yoğun iş temposunda o kâbuslu günlerini unutuyordu. Ben, ailenin ilk çocuğu olarak doya doya yaşadığım, ama şimdi kardeşim üzerinde yoğunlaşan ilgiyi tekrar kazanabilmek için olsa gerek, okulumdaki tüm faaliyetlerde görev alıyordum, bir yaş günümü üç kere kutlamak istiyordum. Ancak şimdi adlandırabildiğim bu tutumumun devam ettiği o yıllarda babaannem, dedem ve halam hiç boş durmamışlar, kardeşimin gelişmesi için her yolu denemişler, ona insanüstü sevgi ve ilgi göstermişlerdi. Her şeyi geç oluyordu kardeşimin; oturması, yürümesi, konuşması. Dört yaşında hâlâ konuşmuyordu. Fakat algılaması çok ama çok iyiydi. "Madem her şeyi anlıyor, her şeyi yapabilir" diyorduk. Bu acı gerçekle karşılaştığımız ilk günlerdeki dünyaya küskünlüğümüzün yerini, yavaş yavaş umut parıltıları alıyordu.

Bu özür grubunun memleketimizdeki örnekleri ne yazık ki çok moral bozucuydu. Doğar doğmaz, "Bu çocuklara hiçbir şey yapılamaz" damgası onu ilk gören doktor tarafından vuruluyordu. Sanki alın yazısı ilk bakışta okunan kişilerdi onlar. Aileleri, ya bu alın yazısını kabulleniyor, kaderlerine küsüyorlar ya da çaresizlik içinde ne yapacaklarını bilmiyorlardı.

Annem kardeşimi bir yıl kadar Otistik ve Down Sendromlu çocuklara özel eğitim veren bir okula taşıdı. Orada, özürlü çocukları olan ailelerden yepyeni bir çevre edindi. Son derece sevdiği bu ailelerle her şeyini paylaşıyordu. Aynı kaderi paylaşan bu aileler zamanla bir araya gelerek, iki küçük dernek kurdular; biri otistik çocuklar için, diğeri ise Down Sendromlu çocuklar için. Derneğimiz küçücük yardımlarla ayakta durmaya çalışıyor, kardeşimiz için yeni imkânlar bulmaya uğraşıyordu. Kardeşimin gittiği bu okuldan istediğimiz ölçüde fayda sağlayamadık. Annem bütün araştırmasını yurtdışına yöneltti. Dostlarından kitaplar, broşürler getirtti. Onları didik didik inceledi. Sonuçta ailece şu karara varıldı; "Olcaytu'yu özürlü çocukların gittiği kurslara veya okullara göndermeyeceğiz". Onu daima normal çocuklarla beraber yaşatacaktık. Yurtdışında yapılmakta olan ve ne yazık ki bizim Milli Eğitim birimlerinde hemen hemen hiç uygulanmayan bir sistemi; "Kaynaştırma Eğitimini" biz her ne pahasına olursa olsun kendimiz uygulayacaktık ve uygulatacaktık.

Zaten, "Olcaytu" kelime anlamıyla "Tanrı'nın verdiği kısmet" demekti; bir anlamda kaderimize küsmeyecek, kısmetimize çıkan kaderimizi yaşayacaktık veya kaderimize çıkan "Kısmet"imizle mümkün olan en iyiyi yapacaktık. Anaokulu ile işe başladık. Annem ayrıca okul aradı. Sonunda derneğimiz ve arkadaşlarının da yardımıyla bulduğu okulun anasınıf öğrencilerini gördüğü günün akşamını hiç unutamam. Ağlamaklıydı. O cin gibi, afacan çocukların içinde Olcaytu'yu düşünemiyordu bir türlü. Sonunda karar verildi ve hemen hemen hiç konuşamayan ama her şeyi anlayan, son derece sevimli, uslu fakat çok inatçı kardeşim anaokuluna başladı. Okulu sevmişti. İkinci günü onu okula götüren annemi, bildiği birkaç kelimenin içinde olan şu cümle ile uğurladı; "Güle güle anne".

İlk öğretmeni ve ilk arkadaşlarının kardeşime olan ilgileri beklediğimizin çok üstünde idi. Ona her gün yeni bir kelime öğretiyorlardı, hatta anneler gününde söylemesi için öğretmeni minik bir şiir bile ezberletmişti. Hedefimize küçük ama bizce çok önemli adımlarla yaklaşıyorduk... Ve işte ilk büyük adım; o senenin yazında Olcaytu konuştu. Gözyaşları içinde ailece bunu kutladık. Konuşmayı başaran kardeşim, inanıyorduk ki okumayı da başaracaktı. Babam resimli, altyazılı yüzlerce "flash kart" hazırladı okumayı öğrensin diye. Bu arada Olcaytu, aynı okulun birinci sınıfına şartlı olarak başladı. Ancak okumayı kısa sürede başarırsa kayıt yapacaklardı. Bizleri sevince boğan ikinci büyük adım; Olcaytu, okuma bayramına okuyarak katıldı; "Yaramaz Erol" adında benim seçtiğim ve ona ezberlettiğim şiiri okudu. Hatta küçük oyunlarda rol aldı. Yüzlerce flash kart kullanılmadı bile. Onlar hâlâ kütüphanemizin bir yerinde dururlar öylece. Bazen oynar kardeşim onlarla "Ders kartlarım" diye.

Kendisinden beklenenin üzerinde gayret göstererek, birinci sınıfı başarıyla tamamlayan kardeşimi, okul idarecileri, bir eğitimci olarak kendilerinden beklenmeyen tavırla ikinci sınıfa almak istemediler. Kardeşim her adımıyla ileriye giderken ve bizleri sevince boğarken; okul idaresi bu beklemediğimiz ve hiç de hak etmediğimiz geri adımıyla bizleri yeniden kâbuslu günlere gönderdi. Çok kötü bir yaz geçirdik. Yine okul aramalar, yine üzüntüler. Sonunda annem ile babam onu Ankara'da en gözde ve en çok rağbette olan resmi bir ilkokulun ikinci sınıfına kaydettirmeyi başardılar. Yeni sınıfı 64 kişi idi; sağlıklı doğmuş 63 çocuk ve "Özürlü" damgası alnına kazılı kardeşim...

Hedefimizi yıllar önce çizmiş, kararımızı vermiştik; Olcaytu'yu o sınıfta düşünmek bile ilk önce insana korkunç geliyordu, ama olmazı oldurarak zoru başaracaktık. Babam; belki yılların yorgunluğundan, belki annemin yükünü hafifletmek için, belki de kardeşimin ödevlerine yardımcı olmak için, genç denebilecek bir yaşta emekli oldu.

Hedefimize doğru büyük bir adım daha atıldı; evet, kardeşim yine başardı. "Pekiyi" derece ile üçüncü sınıfa geçti. Kardeşim elbetteki o sınıftaki çocuklardan bir hayli farklıydı. Ama orada okuyor, ödevlerini yapabiliyor, sınıf disiplinine uyuyor ve kendini sevdirip kabul ettirebiliyordu. Normal çocuklardan daha çok çalışması, önce kendini aşması, sonra arkadaşlarıyla yarışması gerekiyordu. Arkadaşları ve öğretmeni ile sıcak ilişkiler kurarak Olcaytu'nun sınıftaki konumunu kolaylaştırmak işi de annemin göreviydi. Bunu çok iyi yapıyordu. Herkes ona destek oluyordu; sınıflarının hatta okullarının en haşarı çocuğu Olcaytu'yu himayesine almıştı, kız arkadaşları paltosunu giymesinde veya çantasını toplamasında yardımcı oluyorlardı. Kısacası, kardeşim, özürlü olduğunu öğrendiğimiz zaman evimizin üzerine çöken kara bulutları başarıyla dağıttığı, bir sevgi odağı olduğu gibi, okulunda da sevgi odağı idi. Öğretmeni ise sanki ailemizin bir ferdi gibiydi artık, çalışmamıza o da katılmıştı; Olcaytu'nun her başarısı bizi sevindirdiği kadar onu da sevindiriyordu.

Bu yaz, ona alınan kocaman bisikleti o çelimsiz bacaklarıyla bir sürüşü vardı ki, "İşte zafer bu" idi; kardeşim sınıfını geçiyor, okulunun bahçesinde bisikletine binebiliyordu. Bu defa fevkalade mutlu bir yaz geçirdik. Onu çeşit çeşit tatillere götürdük. Beraberce çok eğlendik. Bu eğlence hepimizin hakkı idi. Çünkü artık zafer bizimdi.

Çocuğunu böyle bir okulda normal çocukların arasında yetiştirebilmek için canını vermeye hazır binlerce özürlü çocuk ailesi vardır dünyada. Türkiye'de çeşitli özür gruplarından 7 milyonun üzerinde özürlü yurttaşımızın olduğu biliniyor ve ne yazık ki bunların yarısından çoğu okul çağındaki kardeşlerimiz. Bizim için ilk başta mucizeden de öte yıldızlar kadar erişilmez uzaklarda görünen fakat sonunda başardığımız "Kaynaştırma Eğitimi" alan çocuk sayısı ise parmakla sayılacak kadar az. Her özürlünün en az üç kişilik bir ailesinin olduğunu düşünürsek, 28 milyonluk mutsuzlar topluluğundan acaba bizim tattığımız mutluluğu tadan kaç kişi vardır? Bir felaketi zafere dönüştüren acaba kaç aile vardır?

Bu olaylar bana ve aileme, hayata tek yönlü bakmamayı öğretti. Dünyaya yeni bir pencereden bakmayı, uzak ufuklarda umulmadık mutlulukların bulunabileceğini öğretti. Sağlıklı arkadaşlarımla oynarken, özürlü kardeşimin de oynamaya ihtiyacının olabileceğini öğretti. Sevginin bilmediğim boyutlarını; özürlü bir kardeşin de sevilmeye hakkı olduğunu ve onun tarafından sevilmenin mutluluğunu öğretti. Bir mutluluğu paylaşmak kadar, bir felaketi paylaşmanın da gerekli olduğunu öğretti.

Yedi yaşımdan bugüne kadar yaşadığım olaylar bana, arkadaşlarımın tanımadığı bir başka dünyayı tanıttı. Şimdiki okulumu seçerken birçok araştırmalar yapan anneme, "Bana zor okul bul" diyebilecek gücü yakalayabilmiştim ve bundan sonraki hayatımda da daima zoru başaracağıma inanıyorum.

Şimdi diyebiliyorum ki, en zor problemlerin bile mutlaka bir çözümü vardır. Yeter ki insan doğru yolu bulabilsin. Ve galiba biz ailece bu yolu bulabilen şanslı kişilerdik. Felaketi fedakârca göğüsleyerek, mutluluğu tattık. Dileğim o ki, benzer felaketi yaşayan her aile zafere kavuşsun, bir yudum da olsa, bizim tattığımız mutluluğu tatsın.

S. Şebnem TUNÇEL
4 – A No: 3
Yüce Fen Lisesi
ANKARA, 1993

BÖLÜM 1

ÇOCUĞUNUZUN FARKLI ÖZELLİKLERİ OLDUĞUNU ÖĞRENDİĞİNİZDE YAŞADIĞINIZ DUYGULAR?

BABA 1

Öğrendiğimizde S. 32 aylıktı, daha önceden farkına varamadık. Düşünüyorum da, 16. ay civarında göz teması ve mimikler fena değildi. Ablasıyla muazzam bir ilişkileri vardı. S. o dönemde normaldi. İyi giden şeyler kötüye döndüğünde biz bunu fark edemedik. Kitaplarda da yazdığı gibi 36. aya yaklaşırken bazı yerlerde süreç tersine döndü, o zaman bile fark edemedik. Biz onu lehimize düşündük.

İlk bilgileri internetten öğrendik. Bulduğumuz bazı bilgileri okuyunca farklılığı daha iyi gözlemleyebildim. Özellikle eşimde, ilk andaki etkisi derin oldu, bilgileri tek tek S.'yle karşılaştırdık, farklı kategorilere uyuyor mu diye, tereddüt etsek de "Bu durum otizme yaklaşık" dedik, "Tanıma uyuyor" ve "Önlemimizi alacağız" dedik. Kitaplara baktığımda tamı tamına hiçbir kategoriye uymadığını gördüm. İlk aklıma gelen, bu bulguların bende de olduğuydu. Benim de hafızam kuvvetlidir, dikkatim çok dağınıktır. Onun için bu süreci benim atlatmam daha kolay oldu. Her çocuk kendine özeldir, ama ben en çok kendime benzettim, çok enteresan. Onun için doğal yaklaştım... "Ben neydim, nasıl oldum, nasıl algılandım, nelere canım sıkılırdı?" Bunları tek tek irdeleyerek, iletişim kurarak aşmaya çalışma yöntemini benimsedim.

Bu arada teşhis ve tedavi süreci devam ediyordu. Bizim için en sorunlu olan beyin MR'ının alınabilmesiydi, bu çocuklar kolay kolay uyumuyorlar.

İlk anda yıkıcı oluyor. Evin erkeğiyiz, hanım da öyle olunca toparlama görevi de bize düştü. Biraz yıkıcı oldu, biraz üzüldük ama biraz da "Allahtan" dedik. Biraz da tabii kızımız var, hanım var, aileye çeki-düzen verelim gibi bir rol üstlendik.

Kabullenmemek de olabilir. "Yok otistik değildir" gibisinden bir şeyler yaşadık. Kızımıza da söylediğimizde kabul etmedi. "Yok benim kardeşim otistik değildir" dedi.

Hepimiz bunu yaşadık. Fiziksel gerçeklere bakınca, bulguları yan yana koyunca, değerlendirince ne olduğunu görüyorsunuz. Birkaç kitap okuduktan sonra çok moral bozucu şeyler olduğunu gördüm, okuyamadım bıraktım, kitaplar çok ağır geldi. "Bu iş böyle mi kalacak", "Biz ne olacağız" diye karamsarlığa kapıldım. Sonra, bir süre sonra tekrar okumaya başladım.

BABA 2

B. bizim tek çocuğumuz, bizim sıkıntımız B.'nin üç buçuk yaşını geçmiş olmasına rağmen konuşmaması. Konuşamıyor derken, iki kelimelik cümleler kuruyor, yeni yeni sanki üç kelimelik cümleler kurabilmeye başladı gibi. Bunun haricinde çok fazla sıkıntımız yok... Tabii konuşamamaktan dolayı mıdır başka bir sıkıntısı mı var onu tam olarak bilemiyoruz, çünkü anlaşamıyoruz biz B.'yle, bazı garip sesler çıkarıyor.

İlk olarak B. konuşamadığından dolayı doktora başvurduk biz. Sağlıkla ilgili aşılarını yaptırdık. Muayene ettirdiğimiz doktor L. V. diye bir uzmana yönlendirdi bizi. Yaklaşık bir sene önceydi. L. V. muayene etti, bir de test uyguladı. Konuşma ve zekâ açısından biraz geride olduğunu söyledi. İşitme testi istedi, ancak işitme testini maalesef yaptıramadık. Çünkü bu testin yapılabilmesi için B.'nin uyuması gerekiyormuş, uyuması için B.'ye birtakım ilaçlar verdi ama maalesef yeterli olmadı. Başka bir ortamda aneztezi vererek uyutabileceklerini söylediler, biz bunu istemedik. Daha sonra Hacettepe Üniversitesi'nde çocuk nöroloğu bir doktorla görüştük. O da birtakım testler istedi, ruh sağlığıyla ilgili muayene olmasını önerdi ve biz B. hanıma gittik. Birtakım kontrollerden sonra B. hanım "Hafif bir otistik" tanısı koydu ve "Olmuş geçmiş, yalamış geçmiş" gibi tabirler kullandı. Tabii biz uzman olmadığımız için yorum yapamadık. Çok tedirgin olduğumuz söylenemez. B. şimdi üç buçuk yaşında... Konuşması gerektiğini düşünüyorduk ama "İlkokul çağına kadar konuşmayabilir, öyle vakalar var" gibi şeyler söyleniyor. Biz de "Problem değil, sağlık açısından bir problemi olmasın da geç konuşsun" diye düşünüyoruz. Daha sonra yeniden birtakım tetkikler yapıldı, beyin MR'ı çekildi ve en sonunda merkeze getirilmesi gerektiğini söylediler. Bizim asıl sıkıntımız konuşamaması, tabii otizm kelimesi için çok kaygılı değilim, çok endişelenmedim. Çünkü genel olarak doktorlar B.'yi belli süreçler içerisinde görüyorlar, ama biz genel olarak gördüğümüzde sanki büyük bir problem yokmuş gibi geliyor, doktorlardan aldığımız mesajlarda da bunu gördük biz. "Aşılabilir bir şey, çok endişe edilecek bir şey yok" diye düşünüyoruz. Çünkü doz olarak başka çocuklara da "Otistik" diyebiliriz. Örneğin; grip gibi düşünüyorum; hafif bir ateş, hafif bir burun akıntısıyla gelip geçici bir şey gibi... Ama o ilk duyduğum anda "Aman yarabbim dünyam yıkıldı, ne oldu, ne için böyle oldu?" diye kaygılanmadım. Çünkü çok büyük bir endişem yok, aşılabilecek şeyler olduğunu sanıyorum. Onun için çok üzülmedim, çok fazla yıkılmadım.

BABA 3

Bizim çocuğumuz 6 aylık doğdu. "Ölür, yaşamaz" gibi sıkıntılarla başladık, 3 ay kuvözde kaldı, çocuk hep geriden gitti, her şey geç oluyordu. "3 yaşında ancak akranlarını yakalayabilir" dediler, çığlıklar ve nidalar vardı. En son "Baktıralım" dedik, aslında hastalık konusunda çok titizimdir, fakat başıma geleceği bildiğim için korktum ve daha çok erteledim, sonunda nihayet gittik. Çeşitli ameliyatlardan sonra "Eğitim alması gerekli" dendi, başladık.

Neler hissettim? Beş yıl oldu, ömrümün son beş yılında ben öldüm herhalde, çünkü yaşayıp yaşamayacağı belli değildi. Sağlık problemleriyle çok uğraştık. Ben, çocuğum olduğuna asla sevinemedim. Bu ikinci çocuğum, hiç ona sevinemedim, "Ne olur ölmesin" diye yalvardım, çünkü hayatta en çok değer verdiğim şey çocuklarımdır. Hiçbir iyi şey hissetmedim. Benim için mutluluk çocuğumun beni tanımasıydı, çocuğumun beni bir grup içerisinde ayırt etmesiydi, bana gelmesi, ilgi göstermesiydi, ama bu çocukta bunlar çok daha geç oldu. Artık benim için mutluluk; çocuğumdaki ufak gelişmeler, onun dışında her şey kötü. Çocuğun istikbalini düşündükçe hayatım yıkıldı, kendime ait bir planım yok. Ufka baktığımda yalnızca ufak bir ümit, biraz da küskünlük... İnanç sahibi bir insan olmama rağmen, insan kendisinin başına niye bunun geldiğini sorguluyor. Kuran-ı Kerim'in Türkçesini okuyorum, "İbret alın" gibi ayetler var, bunlar yüreğime su serpiyor ama nihayetinde size ait bir plan yok, sadece bu çocuğu nasıl geliştirebileceğimizi düşünüyoruz. Bitti... Maddi olarak hemen hemen her şeyimizi kaybettik. Özel doktorlar, tahliller ve ameliyatlar... Ama umurumda değil. Sağlıkla ilgili her türlü sıkıntıyı hallediyoruz. Hiç iyi şeyler hissetmiyorum, aynaya baktığımda, "Ne güzel bir gün!" diyemiyorum, çocuğun sağlık problemleri çoktu, bitinceye kadar doğru dürüst kucağıma alıp sevemedim. Sevgi ile acımak karıştı birbirine. Ona baktığımda "Allahım ne yapacağız?" diye düşündüm. Albümü veya bir video kaydı yok, yüz siması tam oturmamıştı. Çocuğum olduğuna sevinemedim, hep "Ölecek mi, kalacak mı?" diye uğraştık, şimdi daha rahatım. Eğitimden sonra çok gelişmeler var, gittikçe iyiye gidiyor ve benim için mutluluk o. Müzikle haşır neşirdim, artık dinleyemiyorum, çocuk müsaade etmiyor. Çocuğa isteyebileceği her şeyi veriyoruz. Her türlü imkânı ona yarattık. Neler mi hissettim? Yapılacak en kötü şey Tanrıya küsmekti, "Ben kime ne kötülük ettim ki bana layık gördün" diye düşündüm.

BABA 4

A. üç yaş civarlarındaydı ilk öğrendiğimizde. B. hanımdan öğrenmiştik, daha doğrusu onun söylediği tıbbi terimleri ben anlamadığım için hiçbir şey hissetmedim. Eve gidince eşimden öğrendim ne olduğunu, 15–20 gün kadar çocuğa sarılamadım, öyle garip bir duygu ki; ne çocuğa dokunabiliyorum, ne sevebiliyorum çok tuhaf oldum.... Çocuk geliyor, yaklaşıyor ama ben dokunamıyorum bile. Bir gün buraya (okula), ben getirmiştim, annesi gelememişti, buradaki ortamı gördüm, inanılmaz derecede kötü hissettim kendimi. O 15-20 gün boyunca çocuğumu görmek istemedim. Eve özellikle geç gitmeye çalışıyordum, belki de bir aya yakın süre "Çocuk şimdi uyumuştur, artık eve gidebilirim" diye düşünüyordum ve o uyurken bin bir işkenceyle öpüyordum. Bu bir ay boyunca A.'yı ya bir kere görmüşümdür uyanıkken ya da iki...

Aklıma önceki şeyler geliyor. Örneğin; ben iş icabı çok gezdiğim, evlere gittiğim için bir iki yerde karşılaşmıştım otizmle. Yenimahalle'de bir kız çocuğu görmüştüm örneğin, şimdi o çocuğun otistik olduğunu daha iyi anlıyorum, ama o zamanlarda otizm nedir, otistik nedir bilmiyordum, inanın kelime anlamını bile bilmiyordum. O zaman da çok tuhaf olmuştum. A.'nın teşhisinden bir yıl kadar önceydi, evin iki kızından biriydi, garip davranışları vardı, belki bir iki saat etkiledi beni, bir yıl sonra kendi çocuğumuzda bunu hissettik.

Doktor A. için "Otistik" dediğinde ben "Herhalde bir üstün yetenek anlamına gelen bir şey" diye düşündüm, çünkü akrabalar "Bu farklı bir çocuk" diyorlardı, inanılmaz derecede bazı yetenekleri vardı A.'nın, ama ihtiyacı olan iki şeyi de peş peşe getirmede korkunç derecede zorlanıyordu, zıplamadan duramıyordu veya reklamdan gözünü ayıramıyordu, anlayacağınız otizmin birkaç belirtisini fazlasıyla gösteriyordu. Tabii otizmi öğrendikten sonra olay oldu... Düşünün ki hayatınızda hiç duymadığınız, kelime anlamını bile bilmediğiniz bir şeyle karşılaşıyorsunuz.

Bu bir aylık sürede ben çok kötü bunaldım, çünkü ne olduğunu da bilmiyordum, gelişim gösterip göstermeyeceğini de bilmiyordum. Kimseye de soramıyordum ki, evde eşimle ben "Şöyle mi olur", "Acaba böyle mi olur" diye düşünüp duruyorduk. Düşünün; ne olduğunu bilmediğiniz bir şeyle karşılaşıyorsunuz ve açık açık kimseye soramıyorsunuz.

İlk önceleri kabullenmek istemedim. Götürdüğümüz profesörü eleştirdim "O ne biliyor ki!" dedim, "Daha teşhisi konmadığını kendileri söylüyor!" ve örneğin dünyada yüz bin otistik insan varsa, bunların hepsinin seviyesi birbirinden farklı. A.'yı okula götürdüğümde bir köşeye oturuyorum, bütün çocukları inceliyorum, otistik olan veya olmayan diye ayırıyorum, hepsinin seviyesi farklı ve tam olarak tanımlanmamış bir şeyde nasıl tam teşhis konur.

Bir yere gittiğimizde, orada bir ansiklopedi takımı gördüğümde, gizliden gizliye "O" harfini arıyordum. Basında bu konuyla ilgili en küçük bir şey gördüğüm zaman belki de 15–20 kere okuyorum, defalarca okuyorum. A.'yı okula getirdiğimde, onu beklerken panoda yazan her şeyi okurum hâlâ... Bu Venedik-Hollanda hikâyesiyle de bu panolarda karşılaşmıştım ilk. Tuhaf... gerçekten tuhaf bir olay, ama Hollanda'da yaşamayı da öğreneceğiz galiba, veyahut Hollanda'yı Venedik'e ne kadar benzetebiliriz amaç o... İşin gerçeği ne olursa olsun gönlümüzde her zaman Venedik kalır, içinizde hep bir ukte kalır. Bunu hissettirmemeye, eşinize dahi hissettirmemeye çalışıyorsunuz, çocuğa zaten asla hisssettirmiyorsunuz, ama Venedik benim içimde bir uktedir çünkü yüzde yüz zirveye çıkamayacağız, ama tek umudumuz zirveye çıkmak. Artık ne kadar çıkabilirsek...

Sürekli kendime sorular soruyorum. "Acaba" diyorum "Bizim çocuğumuza neler etki etti?", "Alkol mü sebep oldu, sigara mı?". Başınıza geldi mi her şeyden şüpheleniyorsunuz ve olan her şeyi gözlem altına alıyorsunuz, "Acaba hata bende mi?" diyorsunuz. Çocuğumun hâlâ bütün hareketlerini inceliyorum, diğer çocukların hareketlerini inceliyorum. Eskiden çocuklara karşı pek ilgim yoktu, kendi çocuğum ve bu olayı yaşadıktan sonra, şimdi çocuklara karşı aşırı yakınlığım var ve aşırı gözlemci bir özelliğe kavuştum. Çok tuhaf bir dünya bu... Ne bileyim, bir yeriniz ağrıdığı zaman bir ilaç alıyorsunuz geçiyor. Zaten beni en çok üzen bu oldu, "Ne ile karşı karşıyayız?"... "Otizm" tamam, ben çocuğum için her şeyi yapmaya hazırım. Çok zor olan bir olay da olsa hiç gözümü kırpmam. Onu belki zirveye çıkaramayacağım, ama gidebildiğimiz yere kadar yanında çıkacağız, ne olursa olsun çıkmamız lazım, çünkü kaybedeceğimiz bir şey yok... "Damdan düştük, geri çıkabilirsek çıkacağız"... Üzülmüyorum da artık, çocuğumu daha çok seviyorum, daha çok ilgi gösteriyorum. Onunla ilgilenmek de beni mutlu ediyor. Ama tabii içimde muhakkak ki bir ukte kalıyor, ama yapacak bir şey yoksa... Başımıza geldi artık...

BABA 5

Bu bizim 4. çocuğumuz. Bir yaşına kadar pek bir sıkıntısı yoktu. Bir yaşından sonra anormal sinirleniyor, konuşmuyor, gündüz uyuyor, gece uyumuyordu, tuvalet gibi şeylerden hiç haberi yoktu. İki yıldan sonra anladık. Çağırıyorsunuz, duymuyor, doktora götürdük –kulak burun boğaz–, sonra beyin filmi çektirdik, doktor "Otizm" teşhisini koydu. Diğer çocuklarımda böyle bir şey olmadı, buna bilemiyorum nasıl olduysa, biz de katlanacağız ama çok şükür, buraya gelen çocukları görüyorum da İ. onlara göre çok çok iyi.

"Acaba nazar mı değdi" diye üzüldük, hanım daha çok üzüldü, çok çekti. Örneğin; çişinden haberi yoktu; şimdi çok şükür. Hanım daha çok isyan etti, inançlarımız bu üzüntümüzü azalttı. "Geliştiririz" dedik, "Kreşler var, okullar var, özel okullar var onlara veririz" dedik. Hanım çok çekti, o benden daha çok üzüldü, her şey onun üzerindeydi, ben çalışıyordum, biraz da titizdir. Belki bir sene geç gider okula, ama ne gerekirse yapacağız. Biz Doğuluyuz, oğlan çocuğu başkadır bizde, halbuki kız çocuğu daha merhametli.

BABA 6

Bizim ilk çocuğumuz Y., altı sene çocuğumuz olmadı. Y.'yi isteyerek dünyaya getirdik. Geç konuştu, doktorlara götürdük, o zaman Ankara'da değildik, doktor; "Her çocuk her şeyi aynı zamanlarda yapamayabilir" dedi. Sonra teşhis kondu, öğrendik; çok etkilendik, karamsarlığa kapıldık. "Gelecekte ne olacak?", "Biz ölünce ne yapacak?" diye düşünmeye başladık. Çok kötü günler geçirdik, okula uyumu zor oldu. Çevremizde de böyle bir durum olmadığı için, bilinmeyen bir rahatsızlık olduğu için çok zorluk çektik.

BABA 7

Biz ileriyi görmeden aşağı yukarı iki-üç yaşında farkına vardık ve ilgili bir kuruma götürdüğümüz zaman "Erken teşhis, tam zamanında teşhis edilmiş, iyi ki geldiniz" dediler. Benim önceleri pek gerçekten inanasım gelmedi, yaşına verdim belki iki buçuk yaş, "Konuşamıyor" falan gibi düşündüm herhalde, "Çözülür, geç konuşur" dedim, kendi kendimizi bu şekilde güdülemeye çalıştık. Başka bebekler duyuyorduk; Einstein şu yaşta konuşmuş filanca bu yaşta, Halit Kıvanç 7 yaşında konuşmuş vb. Bunlar bize olumlu bir hava vermişti. Belki de çok iyimser baktık. Eşim, bu konularda bilgi sahibi olan, bu konular üzerinde hassasiyetle duran bir kişidir, o daha çok araştırdı, ama ben fazla araştırmaya gerek görmedim "Belki..." dedim "Belki tembellik gibi bir şeydir". Bende de vardı bu biraz, ben de kekemeydim liseye kadar. B.'de de böyle bir şey var zannettim. İki buçuk yaşında falan, ağabeyinden örneklemeye çalıştım; ağabeyi de bir anda konuşan bir çocuk değildi, o da geç konuştu. Bunun da öyle olur diye pek fazla dikkate almadım. Bununla ilgili başka bir kuruma gittiğim zaman artık, "Dank" etti aklım. Ama yine yüzde yüz otistik olduğuna inanmadım. "Bir umut var" diye düşündüm ve hâlâ umudum var ama otistik değerler taşıdığına dört yaşında karar verdim artık. O altı-yedi aylık süre içinde pek fazla inanamadım, sadece geri kaldığını hissettim.

İyimser olmaya çalışıyorum, ama zaman zaman umutsuzluğa düştüğüm oluyor. "Bu olmaz, bu artık burada durur, sürekli böyle kalacak, biraz ilerleme kaydedebilir, ama sonuçta bunun yüzde yüz tedavisi olmaz" diye düşündüğüm oldu. "Bitti, bitti, bitti, her şey bitti, tedavi sonuçlandı B. sıfırladı artık her şey tamam, kalbime gömüyorum" gibi düşündüğümüz de oldu. Bu tip hastalıklarda inanın böyle umutsuzluklar oluyor. Fakat olaylar gösteriyor ki; zaman her şeyi çözüyor... Olumsuz olmama karşın, zaman zaman o kadar çok umutlanıyorum ki; çok kısa bir zaman da olsa, bu beş buçuk sene içinde söz gelimi yüz defa umutsuzluğa düştüysem beş-altı kez de çok umutlu olmuşumdur. Zaman, beni iyiye doğru itiyor, bu aralar umutluyum, çünkü heceler kalkmaya başladı artık B.'de. Okuma konusunda da beni çok şaşırttı. Bazen yanımda bir şeyler okuyor. "B. konuşuyor mu?" diyorum... "Bunu okuyan çocuk konuşacak o zaman." Zaten benim tüm rüyalarımı süsleyen budur, B. benim rüyalarımda hep konuşur. Uyandığımda tabii gerçeklerle yüz yüze kaldığım zaman öyle olmadığını görüyordum.

"Otizm" kelimesini, bu alanda bir bilimadamı olarak değil de, sağdan soldan duyduğumuz, filmlerden gördüğümüz kadarıyla biliyordum. Oğlumun bu durumu geçirmesinden çok çok önce otizmin ne olduğunun az çok farkındaydım, ama benim de böyle bir çocuğum olacağını kesinlikle hiç düşünmemiştim...

BABA 8

Şimdi bunu anlatabilmem için ilk B.'nin doğduğu güne dönmemiz gerekiyor, B. çok farklı bir bebekti, 700 gramdı doğduğunda; o da doktorların hatası sonucu... Yaklaşık bir yıla yakın hastane hayatı oldu, o zaman zarfında çocuk bazı uzuvlarını kaybetmiş, bize söylemediler bunu, daha sonraki muayenelerde gözünün, kulağının ve ses tellerinin zedelendiğini, yüksek oksijene bağlı olarak beyinde birtakım hasarlar olduğunu tespit ettik, ama tabii ki iş işten geçmişti, çocuk zarar görmüştü bunlardan. Biz o bir yıl zarfında, hiç aklımıza böyle bir sonuç getirmemiştik ve bir anda karşımıza çıktı. Hayatımız bir anda tersine döndü, şok geçirdik, çünkü bize normal bir çocuk gibi empoze edildi veya biz öyle anlamıştık o güne kadar. Biz beş yıl kabul edemedik hiçbir şeyi. Son 3.5 yıldır özel eğitim alıyor, iki ayrı okula gitti. Şu an hâlâ kabullenmiş değiliz, özürlü bir bireyin anne babası olmak çok zor, bunları anlatmak, yaşadıklarımızı anlatmak daha da zor. Benim B.'den önce ve B.'den sonraki hayatım var, ama hayat devam ediyor, üç çocuğumuz daha var, yaşamak zorundayız ve B.'yi de yaşatmak zorundayız.

Eşim benden daha çok etkileniyor. B.'nin düzenli bir uykusu olmadığı için 24 saati anneye bağımlı bir çocuk. Ben, sabahlara kadar beklediğimizi hatırlarım. 1-2 saatlik uykuyla işe gittiğimi hatırlarım. Biz hep "Niye böyle oldu?", "Acaba düzelecek mi?" diye düşündük, ben hep başka çocuklarla kıyaslıyordum ve isyan noktasına geliyordum, "Ne oldu, ne yaptık biz?", "Nerede bir yanlış yaptık?" diye düşünüyordum ve ben beş yıl boyunca, bildiğim halde özel eğitime göndermedim çocuğu. "Ankara'da veya Türkiye'de sadece B. veya belki birkaç kişi böyle" diye düşünüyordum, hanım da öyle görüyordu. Biz, bilmediğimizden değil ama gitmek istemiyorduk, kimseyle konuşmak, diyalog gibi ikili ilişkilere girmek istemiyorduk; zaten sürekli hastaneye gidip geliyorduk o aralar.

Gidip geldikçe 100'e yakın çocuk olduğunu öğrendik ve bunların 20-30'unu bizzat gördüm ve fark ettim ki B. onların arasında belki de ilk beşe girecek kadar üst seviyede ve bu durumun sadece bizde olmadığını da gördüm.

Bir çocuk görüyordum; belki B.'den daha küçük ama normal bir çocuk ve "Niye?" diye isyan ediyordum, "Niye benim çocuğum özürlü veya diğerleri gibi algılayamıyor?" ve inanın eğer çok güçlü duygularım olmasaydı ben intiharı bile düşünmüştüm, size yemin ediyorum... Sonra kurtuluş olmadığını fark ettim, çünkü benden sonra o çocuk ne olacaktı, ve hâlâ sürekli düşüncem "Ben yarın öldüğüm zaman bu çocuk ne olacak?", annede de bende de bu. Allah bir kapı açacaktır inşallah, devlet veya özel okullar sahip çıkar mı o da bir soru işareti... Bilemiyorum....

Bir de biz anneyle hep "Yarın iyileşecek" umudunu paylaştık ve öyle baktık hastanede.

Buraya gelmeye başlayalı iki yıl oluyor ve buraya gelmek hep içimde sıkıntı ve burukluk yarattırdı, ama baktım burada aileler gayet normal.

Biz şunu da kabullenemiyoruz; –bildiğimiz halde– "Bu çocukların tedavisi mümkün değil", ama bizim içimizde hep küçük bir umut var. Ondan süper bir çocuk olmasını beklemiyoruz. Şu ankinden daha da ilerleyeceğini düşünüyorum, ama konuşamadığı için bir iletişim kopukluğumuz var, sadece işaretlerle ve duygularla konuşuyoruz. Elli kere söyleyip belki bir kere yapıyor, o bir kere yapsa bile ben mutlu oluyorum.

"Hayat" derler ya "sürprizlerle ve acılarla doludur", bir gecede hayatım tersine döndü, bu terse dönmeyi bir yıl anlayamadık, bir yıl sonunda anladık ama biz, bizlikten çıkmıştık. Örneğin; birileriyle, arkadaşlarımla konuşurken gülmem gerekiyordu, gülemiyordum, çünkü eğer gülersem "Benim çocuğum hastanede yatarken ben gülersem etraftakiler ne der?" diye kaygılanıyordum. Ağlamam gereken zamanlarda da ağlayamıyordum, biri gördüğü zaman "Hep ağlıyor" derler diye, hep ikilem içinde yaşıyorsunuz. Örneğin; B. hastaneden çıktıktan sonra düğünlere gidemedik çünkü "Bizim toplumumuz ne der?" diye düşünüyorduk ya da "Çocuğu hasta, o düğünlerde zevki sefa yapıyor". Gitmediğiniz zaman, özellikle yakın akrabalar ayıplıyor. Bu ikilemlerle tamamen kopma noktasına gelmiştik, yaptığınız her harekete kısıtlılık geliyor, iyi de olsa kötü, kötü de olsa kötü... Bir zaman sonra bunu kırmaya başladık. Gitmezseniz tavır koyuyorlar ama gidersek ve B. de orada olursa kırıyor, alıyor, oradakiler bir şey söylemese de ben bunlardan rahatsız oluyorum.

BABA 9

Tabii ki insan böyle bir çocuğu olduğu için, biraz şoka giriyor, ama teselli bulmaya çalışıyor, "Yok yanlıştır, böyle bir şey olamaz" diyorsunuz, çocuğa bakıyorsunuz, sonuca bakıyorsunuz, çocuğun öyle olacağını, kabul etmek istemiyorsunuz ve sürekli kendinizi teselli etmeye çalışıyorsunuz. Ama gün geçtikçe kendini gösteriyor ve siz de kabulleniyorsunuz... Tabii ilk karşılaşma biraz şok yaratıyor insanın üzerinde, her türlü aktiviteyi kaybediyorsunuz, belli bir süre kendinize gelemiyorsunuz ama sonradan alışıyorsunuz...

Tabii bu sadece ilk duyduğumuz gün değil, doktora tekrar götürdük, tekrar sorduk; gelenden soruyoruz, gidenden soruyoruz, daha sonra kabullendik. Çocukta bir gelişme görmeyince, konuşma görmeyince; "Demek ki böyle" dedik. Yalnız doktor bize "Anne karnında yorgunluktan ve stresten etkilenmiş" deyince, bize çok büyük teselli oldu. "Arkadaşlarından 2-3 yıl sonra aynı seviyeye gelecek", "Bu 10 yaşındayken, 7 yaşında biri olacak" dedi, onu da kabullendik ve görüyoruz da... Bunlar umut yarattı bizde, her ne kadar düzelmese de, geriden takip ediyor arkadaşlarını, yani konuşuyor, yavaş yavaş açılıyor...

Bizim çocuğumuzun alt dudağında bir şey vardı, bu Allah tarafından tekrar dikiş atılmış, açılmış geri kapanmış, sanki bir ameliyat geçirmiş gibiydi doğduğunda, biz hem ağzını düzelttirmek amacıyla, hem de küçük yaştan beri emeklemediği için doktora götürdük, oradan başladı bu olay. Doktorlar "Genetik" dediler, DNA'sını istediler onu çıkarttırdık, 2-3 ay onu bekledik, "Neden emeklemiyor bu çocuk, acaba kalça çıkıklığı mı var?" diye düşündük, doktora götürdük, orada film çektirdik, kalçada bir şey yok, düztabanlık da var gibi yok gibi de çocukta. Hâlâ araştırıyoruz, en son Hacettepe'de M. T.'ye gittik, genetikten başladı, orada da doktor bize anlattı; beyninde bir sıvının çok olmasından kaynaklanıyormuş, beynin küçük olması sıvının da çok olmasından... Doktor; "Zamanla normal olur" dedi, "Ama dört dörtlük bir çocuk olmaz" dedi, onu da kabullendik. "Bu çocuğa ne yüklerseniz o kârdır" dedi, "Ne öğretirseniz, çocuk onu tekrarlar" dedi, unutuyor da, ama zamanla, hiç öğretmediğimiz kelimeleri de kendi konuşuyor. Zaten topluma kazanılsın, toplumun bir ferdi olsun bundan başka beklediğimiz yok bizim. Allah'ın ne yapacağı da belli olmaz, Arşimed de sekiz yaşından sonra konuşmuş, takdiri ilahi.

Köylerde görüyoruz, ilkokulu bitirip okuma yazması olmayan insanlar var, şimdi de evli barklı çoluk çocuğu var bu insanların... Öğrenemiyor ama hayat devam ediyor, bu da öyle olabilir, öyle umut edip öyle bekliyorum. Akrabalarımda da okuma yazma bilmeyenler var, bu da okumayı bilmesin, ne olacak ama hayatı bilsin, gittiği geldiği yeri bilsin, bunu bekliyoruz, bu da olur inşallah.

BABA 10

Benim oğlum, İ. 1992 doğumlu, biz 1995 yılında konuşması gecikince fark edebildik. Arkadaşlarımdan biri "Çocuk psikiyatrisine götürün" dedi, götürdük, doktor birkaç soru sordu ve "Sizin çocuğunuz otistik" dedi. "Size rapor vereceğiz, özel eğitim okulunda eğitim görecek" dedi. Şoke olduk tabii, biz de "Konuşacak" diye bekliyoruz. Sonra İ. özel okula başladı. Başa gelmiş çekilecek... İlk aklımıza gelen "Acaba tedavisi var mı?", "Düzelen bir hastalık mı?", "İlacı var mı?" sorularıydı. Bunlar ister istemez insanın aklına geliyor, "İleride ne olacak?". Bin bir türlü soru, arka arkaya geliyor... Bütün aileler bunu böyle mi yaşıyor bilmiyorum. Buraya gelince düzelen çocuklar olduğunu duyduk; ama zaman geçip de İ.'de pek düzelme olmayınca bir şok da o zaman yaşadık. Eşim daha çok içine kapandı... Bir dönem sürekli ağladı; ama iyileşmeyeceğine o benden önce kanaat getirmiş zaten, kendini hazırlamıştı. O da önce şok geçirdi, ama sonra kendini toparladı.

Kabullendim, ama iyileşememe fikri zihnimde oldukça, büyük bir hayal kırıklığı yaşıyorum. İyileşme şansı olmadığına artık inandım. Zaten çok ağır değil benim çocuğum, orta otizm. Ama yaşıtlarıyla yan yana gelince çok farklı tabii...

Başımıza geldi, çekeceğiz.

BABA 11

Bizim ilk sıkıntımız sağlık problemleriyle başladı. O. sağlıklı bir bebekti. Eşim göreve başladıktan sonra O.'da bir gerileme oldu, dokuz aydan sonra. Bir yaşına geldiğinde evimize gelen bir misafir vasıtasıyla hareketlerinin diğer çocuklardan farklı olduğunu fark ettik ve eşimin önerisiyle doktorumuzu değiştirdik. F. bey "Demir noksanlığı var" dedi. Bir yıl O.'ya sıvı yiyeceklerin yanında demir iğneleri vuruldu, diğer büyük oğlumuzda biz bunları hiç yaşamadığımız için bize çok zor geliyordu. Sonra O. yuvaya başladı, anaokuluna başladı, ilkokula başladı. İlk kez orada hiç yapmadığı şeyleri yapmaya başladı O., hiç arkadaşlarına vurmayan, şiddet kullanmayan çocuk, orada arkadaşlarının saçlarını çekmeye başladı, sonra onlar gibi anaokulunda resimler, boyamalar yapmasına rağmen okulda yazı yazmayı hep reddetti. Okuldan hep şikâyet geliyordu, "Bu sene O. okula gitmesin" dedik, yeniden yuvaya verdik ama bu sefer oradaki bir çocuk gelişim uzmanı hanım "O. ile göz bağlantısı kuramıyorum" dedi, biz de F. hanıma götürdük, F. hanım birtakım eksiklikler gördü O.'da, tutamıyor, kavrayamıyor vb. Hacettepe'den bir kız öğrenci görevlendirildi O.'nun kaslarını geliştirici ve göz koordinasyonu sağlayacak çalışmalar yapmak için ve o arada bir eğitim kurumuna gitmeye başladı. İkinci yılın sonunda "O. artık okula çok rahat bir şekilde gidebilir" dediler. O dönem hangi okula götüreceğimiz konusunda çok sıkıntı çektik ve bulamayınca "Evde eğitim verelim" dedik, ve bu üçgeni kurduktan sonra O. evde bir yıl çok iyi pişti. Bu arada yeniden Hacettepe'ye gittik, "Biz buna tam otistik tanısını koyamıyoruz ama F. hanım 'Otizm yalamış geçmiştir' diyor, biz otizm tanısı yalamış geçmiş de olsa koyalım, ona göre eğitim yaptırtalım" dediler ve bir rapor verdiler.

Orada ters giden bir şeylerin olduğunu biliyorsunuz, ama anne baba olarak onu siz bir şekilde tolere edeceğini hissediyorsunuz.

Özetle; O.'ya teşhis çok zor konuldu ve biz çok fazla bir kaygıya düşmedik, çünkü ben kendime ve eşime çok güveniyordum ve bu kaygıyı yenmek için de iki yıldır bu konuda çalışıyorduk.

BÖLÜM 2

FARKLI ÖZELLİKLERE SAHİP BİR ÇOCUK
KENDİMİZDE VE YAŞANTIMIZDA NE GİBİ
DEĞİŞİKLİKLER MEYDANA GETİRDİ?

BABA 1

Ben yaşamımı tamamen S.'ye göre düzenledim. Üzerimde gördüğünüz yeleği kollu giymiyorum, kolsuz giyiyorum. Çünkü, göz teması ilerlesin diye çocuğu kucağıma alıyorum. Yoksa benim kollarım üşümüyor mu, üşüyor tabii...

Yaşamımızda değişiklikler oldu elbette. Mesela sabah 8.00'de o güdüyle kalkıyorum, sevdiği şeylerle hazırlanıyoruz, yapıyoruz, alıp dışarıda gezdiriyoruz, geliyoruz. Akşam gelince yine Armada'ya, Migros'a götürüyoruz, yoruyoruz, benim gibi bir fizyolojisi var. Uyuması için enerjisinin bitmesi lazım, yoksa kendisine de bize de problem oluyor. Ben yaşamımı S.'ye göre organize ettim, saat 20.00-22.00 arasında kapalı çarşılarda, Migros'ta, Armada'da enerjisini bitiriyorum, saat 23.00 olunca rahatça uyutuyorum. Artık düzenimi oturttum. Yaşantımı ona göre düzenledim. İlk çocuğumuz büyüyünce normal yaşantımıza dönmüştük, sinemaya tiyatroya gidiyorduk. İkinci çocuğumuzun bu durumu ortaya çıkınca düzenimiz bir anda yıkıldı, hepsi, ne tiyatro, ne eş dost görüşmesi... Kapattık o hayatı, bir anda değişti her şey, hatta telefon görüşmelerimi bile sıfırladım. Ofisteki dış hattımı bile kapattırdım...

Hanım benim kadar uyum sağlayamadı bu yaşananlara. Ona da açıklamasını yaptım. "Benim yaşam tarzım bundan sonra böyle olacak" dedim. Onun da mutlaka gayreti var ama, bir de enerji olacak, benim kadar enerjik değil belki o, o da yetişemiyor. Eşim de yardımcı olmaya çalışıyor. Her akşam altını temizliyor.

İlk heyet raporunu alınca oturdum, kızımla çok ciddi bir görüşme yaptım. "Durum bu", "Görünen o ki ben seninle ilgilenemeyeceğim", "Parasal kaynaklarımız bunlar", "Ben sana her şeyi sunuyorum", "Zaman zaman da yanında olacağım ama genelde kardeşinle olacağım" dedim. Zaman zaman o da "Ben sizin çocuğunuz değilim" anlayışına giriyor ama... Akşam gezerken onun da gönlünü alacak bir şeyler alıyorum. O şekilde idare etmeye çalışıyorum.

Eşimle ilişkimiz biraz gergin bir ortama girdi. Bu normal dışı bir iş, herkes bunu kaldıramaz. Eskiden, ilk çocuğumuzu yetiştirirken akşamları gezmeye gidiyorduk. Lokallere, sinemaya... onlardan kopmak bir bayan için çok zor. Onlardan vazgeçmek eşimde bir gerginlik yarattı.

Burada diğer çocuklarla kıyasladığımda bizim durumumuzun daha kolay olduğunu görüyorum. Çok daha zor durumda olan ebeveynler var.

"Hayatın gerçekleri" biraz da "Allah vergisi" dedik. Yanlış yerlere gitmesin diye aileyi de çekip toparlamalıydım. Ama gel gör ki insanın yılgınlığa düştüğü zamanlar da oluyor. Zaman zaman kötü oluyor ama atlatıyorsunuz. Herkes bir şekilde hayatla mücadele etmek zorunda, biz de mücadele ediyoruz. Ama ben umutluyum, S.'yi kendime benzettiğim için umutluyum. Ben normale dönmüşüm... "Haydi düzelecek" diye yola koyuluyoruz, düzelmezse zaten bir şey yok, geriye bu kalıyor; "O emeği harcayacak mıyız, harcamayacak mıyız?". Emeği harcamak durumundayız, harcayacağız da... Sabah 8.00'de S.'yle kalkıyoruz, gece 24.00'te S.'yle yatıyoruz.

BABA 2

Yaşantımızda değişiklik olmadı, sadece muayeneler sırasında çok fazla tetkik yapıldı. Tabii doğumdan itibaren birtakım sorunlarla karşılaştık. Genelde de mutlu bir aileyiz, bir problemimiz yok şükür. Birkaç sorundan sonra kendimde de bir şeyler aramaya başladım. Bunun gibi birtakım değişiklikler oldu işte.

Mesela, ben sabah saat 8-8.30'da işe gidip, akşam 20.30-21.00 gibi evime gidiyorum. Dolayısıyla eve gittiğimde işte "Eve gideyim, yemeğimi yiyeyim, oturup rahatlayayım, televizyon seyredeyim" veya "Ne yapacaksam onu yapayım" deyip hakikaten de öyle yapıyordum. Annesi zaten akşama kadar B.'yle uğraşmaktan yoruluyor. Dolayısıyla bir nöbet değişimi olmak durumunda kalıyordu. Ama o nöbeti ben pek devralamadığımı anladım ve doktorların önerisiyle ilgilenmeye başladım. Doktorlar "Ne olursa olsun babasının varlığını hissetsin" demişlerdi, ki ben bunu B.'de hissediyorum, benden bir şeyler bekliyor, kardeşi de yok, artık baba olarak olabilir, arkadaş olarak olabilir, ama bir şeyler bekliyor ve ben eve gittiğimde sanki ilgi bekliyor. Örneğin, ben bir odaya girince sanki gitmemi istemiyormuş gibi kapıyı kapatıyor ve benimle bir şeyler yapmaya çalışıyor. Önceden tabii biraz geçiştiriyordum, biraz ilgileniyordum, biraz ilgilenmiyordum, o tekrar anneye dönüyordu.

Kısacası hayatımızda çok fazla değişiklik olmadı... İşte bu konuda kendimi biraz daha fazla yoğunlaştırmaya çalışıyorum. Biraz daha varlığımı hissettirmeye çalışıyorum, biraz daha bir şeyler paylaşmaya çalışıyorum. Tabii şu da olabilir ki; küçük yaşlardan beri beslenmesi, bakımı gibi, her şeyi anneden aldığı için, babaya pek kendisi de yanaşmıyordu. Ama artık yavaş yavaş paylaşılabilir şeyler olmaya başladı... Biraz bunun da farkına vardım. Bu yönde bir değişiklik oldu, daha da ilgilenmeye başladım. Bunun dışında, doktora götürdüğümüzde, tetkiklerin hepsinde ben de birebir bulundum.

BABA 3

Bir kere ben yaşlandım, hiç beyazım yoktu, aynaya baktığımda yüzümün ifadesi bana öyle geliyor.

"Bu akşam bunu yapalım da mutlu olalım" diyemiyoruz. Eşimle ilişkilerimiz o dönemde soğuktu, bizi tutan ortak şey kederdi. Huzursuzduk biz. Ben fevriyim, eşim sakin ve içine kapanıktır. Bu işime de yansıdı, işe güce de rahat gidemiyordum. İşte de mutsuzdum. C. bir sene benimle yattı, şimdi uykusu geldiğini bilebiliyor artık.

Benim için zevk diye bir şey yok, her şey çocuklarım için. Misafirliğe gidemiyoruz artık, ben kimseye yük olmak istemem, zaten gittiğimiz insanlarda da seçiciyim. Az kişiyle ailecek görüşüyoruz, aramızda kırılmışın, dökülmüşün hesabı olmuyor, buna rağmen ben huzursuz oluyorum. Örneğin, gittiğimiz yerlerde bilgisayarı kurcalıyor, oturduğumuzdan keyif alamıyoruz, huzurumuz bozuluyor. Bu çocuklarda "Pis, kötü, kaka" gibi şeyler olmadığı için sürekli gözünüzün üstünde olması gerekiyor. Misafirlikte huzursuz oluyoruz, ama evimizde ben rahatım, evde istediği her şeyi yapıyor kırsın, döksün önemli değil. Hayattan elimizi ayağımızı çekmiş vaziyetteyiz, hayatımızda neşe yok, heves yok, yaptığımız şeyden keyif almak yok. Çocuk bölüyor onu sürekli, farkında değil, film seyredelim istiyoruz ama sinemaya da gidemiyoruz. Birine de bırakamıyorsunuz, evde filmleri takip ediyoruz ama o yine sıkılıyor. Müzik de dinleyemiyoruz, yalnızca onun sevdiği müzikleri dinleyebiliyoruz. İşin özü, yalnızca ihtiyacımız olan şeyleri yiyoruz ve giyiyoruz, ekstra bir şey yok, eskisi gibi bir şey yok.

BABA 4

Ben sigara içen biriyim ama şimdi evde, özellikle salonda, A. otururken yüzde doksan oranında sigara içmiyorum... Hayat tarzım değişti, mesela eskiden alkol kullanırdım, şimdi keyfe keder ve A. ayaktayken kesinlikle sigarada bile kendimi çok frenlemeye çalıştım.

Artık eve erken gitmeye çalışıyorum. İşim de olsa A.'yla ilgili bir durumda kesinlikle giderim. Eskiden, "Ben gelemem" der ve pat telefonu kapatırdım, A.'nın bir yere götürülmesi gerekse eşime "Sen götüremiyorsan eve gidin" derdim. Hiç umurumda olmazdı. Ama şimdi kesinlikle öyle bir şey yapmıyorum. O kabul döneminden sonra Hacettepe'deki oyun terapisini ben hiç kaçırmadım ve hepsine kesinlikle ben götürdüm. Aylardır, (bir yıla yaklaştı) haftada bir gün A.'yı oyun terapisine ben götürürüm. Değişik günlerde randevu veriyor Ş. hanım ve ben hiçbirini kaçırmadım. Mesela eşim işi dolayısıyla şehirdışına gittiğinde okuluna bile ben götürürüm ve buradaki derslerini hiç kaçırmadım.

Eskiden ben işkoliktim. İşim her şeyin önünde gelirdi. Ama artık öyle değil. Uyku düzenim değişti. Eskiden sabah 09.30-10.00'dan önce kalkmazdım. Şimdi 07.30 gibi ayaktayım. Eşim sabahları işe erken gittiği için A. erken uyanır ve yanıma gelir. Mecburen erken kalkıyorum. Pazarları 12.00-13.00'ten önce kesinlikle kalkmazdım ama şimdi "Baba kalk parka gidelim"lerle uyanıyorum ve kalkıyorum.

Ben eskiden birçok konuda tavizsizdim, oysa çocuk hayatımı tamamen allak bullak etti. Ama güzel şeyler, çünkü bakıyorum, çocukta ilerleme var.

Dediğim gibi aklım hep A.'da. Şu anda bile aklımda hep o. İki saat sonra onu evde göreceğimi bilmeme rağmen buraya bu saatte onu da görmeye geldim. Bunlar çok tuhaf duygular... Eskiden pek düşünmezdim, ben işe daldığım zaman akşama kadar iş, iş, iş... Yorgun argın eve gittiğimde A. genelde uyumuş olurdu.

Şu anda A. merkezli bir hayat sürdürüyoruz. Genellikle onun ihtiyaçları ön planda bizim için.

Eskiden onu gezdirmeye götürmezdim. Ama şimdi onunla bir yere gittiğimde mutlu oluyorum. O yanımda zıplaya zıplaya giderken ben bundan büyük zevk alıyorum.

BABA 5

Çocuk doğduğunda ben çalışıyordum, emekli olmamıştım, sabah gidip akşam geliyordum, daha çok hanım ilgileniyordu çocukla. Emekli olduktan sonra biraz ilgilendim, parka götürüyorum, bakkala götürüyorum, bu şekilde ilgilenmek emekli olduktan sonra oldu. Çalışırken de işim ağırdı; pazar, bakkal işlerini ben yapıyordum, çocukla annesi ilgileniyordu, artık ben de ilgileniyorum, dışarı götürüyorum onu. Sabahları okula ben getiriyorum, annesi alıyor. Cumartesileri ben getiriyorum, artık emekliyim, hanımın da evde işleri var, bir çocuğumuz üniversiteye gidiyor, diğeri liseye, diğeri de ilkokula gidiyor, ev işi de var. Emekliyim, ben götürüyorum, parka da okula da, ilgileniyorum artık. "Oğluma araba alacağım, gezdireceğim" deyince çok seviniyor, arabalara özel bir ilgisi var.

Oğlumun bu durumu arkadaşlarımla veya akrabalarımla olan ilişkimi çok etkilemedi, onlarla görüşmeye devam ediyoruz ama misafirliğe pek götürmüyoruz, komşumuz ise götürüyoruz. Bir yere gitmemiz gerektiğinde arkamızdan ağlıyordu, şimdi bu yok artık, "Sana çikolata getireceğim" diyorum, sessiz artık. Yabancıya götürmüyoruz, yabancı biri de gelirse, onu odasında tutuyoruz, çünkü misafir geldiği zaman çok haylazlık yapıyordu, artık oturabiliyor. Sadece çok yakın akrabaya götürebiliyoruz. Odasında da birilerinin geldiğini anlıyor, gelip telefonlarını alıyordu, şimdi yapmıyor "Nasılsın?" diyor, "Bir şey getirdiniz mi?" diyor, oturuyor.

BABA 6

Sosyal yaşantınız bitiyor, mesela akrabalara gittiğinizde rahat olamıyorsunuz. Komşuda, tatilde, bir eğlencede aklınızda hep bu var. Bir şey anlatamıyorsunuz da, merak var. "Acaba şu an ne yapıyor?", eğer geldiyse gözünüz hep üstünde olacak; her şeyden kısıtlanmak zorundasınız. Merak ediyorsunuz, çocuğunuzu frenlemek zorunda kalıyorsunuz, gözünüz hep çocuğunuzun üstünde. Bir düğünde rahat edemiyorsunuz, gittiğiniz yere de ayak uyduramıyorsunuz. Sonra kendinizi işinize verip konsantre olamıyorsunuz. Unutkanlık başladı bende ve yorgunluk var tabii. Rakamları aklımda tutamamaya başladım, fiziksel ve zihinsel yorgunluk var. Akşam sizden oyun bekliyor, yapabildiğiniz kadar yapıyorsunuz. Duygusal biriyim ama aynı zamanda metinim. Eşe, dosta ve çevremdekilere yaklaşımım değişmedi.

BABA 7

Her geçen gün yaşantımızda çok büyük değişiklikler oldu. Hedeflediğimiz, yapabileceğimiz birtakım şeyler vardı, halen kişisel olarak onları yapamamanın kaygısı taşıyorum.

Biz, eşim ve ben sanatçıyız... Ben opera sanatçısıyım, eşim balerin. Böyle bir duruma düşünce işimi mümkün olduğu kadar daha az yapıp onlardan süre çalmaya başladım, bu sanatsal açıdan benim sanatçı kişiliğimi çok geri plana attı, o müziği yok ettim. Aynı şeyler eşim için de söz konusu, o da çok şey yapabilecekti belki, ama kendisini çocuklarına adadı. Şunu söylemek isterim ki; eşim, benim bugüne kadar tanıdığım annelerin içinde en iyi annedir... O inanılmaz bir kadın ve inanılmaz bir annedir.

Bizim, eşimin de benim de sanat hayatımızı bitirdi. Yapabileceğimiz çok şey vardı. Artık eskisi gibi değil. Ben fazla dışarıya çıkamadığım için sanatsal anlamda dostlarımı kaybettim, aramamaya başlayınca çok doğaldır, aranız soğuyor, ilişkiler kopuyor. Sanatsal ve sosyal yönden hayatımız değişti. Yakın ilişkilerde olduğumuz aileler, arkadaşlarımız vardı, ancak, biz B.'yle ilgili olmaya karar verdiğimizden itibaren bu dostlardan, bu arkadaşlardan koptuk... Üzülmedim desem yalan olur ama çok da fazla umursamadım... Biz bize yeteriz...

BABA 8

Kendi yaşantımda artık her şeyi özgürce yapamıyorum, her yere gidemem, her istediğiniz dakika "Bir toplantıya veya herhangi bir yere gidiyorum" diyemezsiniz, mutlaka ve mutlaka ya anne bakacaktır ki ben de diğer sosyal etkinliklere gidebileyim mesela düğün, cenaze gibi; veya ben bakacağım da anne gidecektir, ikimizin beraber gitmesi mümkün değil. Hiç olmuyor değil ama eşimle beraber bir yere gittiğimiz çok nadirdir. Bir çarşıya anne B.'yle birlikte gidemez. Mesela B. okuldayken, anne ihtiyaçlarını gidermek için bir yere gitse 12.00'ye kadar gelmek zorunda, çünkü B. çok özel bir çocuk. Ben B.'yi ağabeyiyle evde uyutup bırakamam, yaparsam karşılaşacağım şeyleri hayal bile edemezsiniz. Örneğin, kapıyı açıp çekip gidebilir ve arkasına bile bakmaz, "Burası benim evim, annem babam var" diye düşünmez. Hayatta "Ben nereye gidiyorum" diye de bir sorumluluğu yoktur onun. Onunla tatile veya pikniğe gidemeyiz, çünkü aynı zamanda hiperaktif bir çocuk ve sürekli bir takip gerektirir. Gidersek de ya annesi ya da ben onun peşinde oluruz, korumanız ve kollamanız gereken bir çocuk. B. zaman zaman bir-iki günlüğüne Çamlıdere'ye gidiyor, orada evimiz var, o zamanlarda ben inanın annemden bugün doğmuş gibi oluyorum, hiçbir şey istemiyorum, o kadar rahatlıyorum, kafamdaki sorunları atıyorum, bir gün için bile olsa... Ben bunların sadece %5'ini yaşıyorum, %95'ini anne yaşıyor ki onu da siz düşünün, o psikolojik olarak daha da çöküntü içinde. Ev işlerini de yapması gerekiyor ve B.'yi iki dakika yalnız bırakırsa B. ya kendine zarar verir ya da mutlaka bir şeyler yapar, o yüzden her an onu düşünüyoruz biz. İşimi yaparken de kafamın bir köşesinde sürekli B. var, "Acaba ne yapıyor" diye, çünkü geçmişte yaşadık, kendine bilmeyerek zarar verebildiğini gördük.

Burada (okulda) diğer çocukların babalarıyla da görüşüyorum ve bu çocukların birbirlerinden hiç farklı olmadıklarını görüyorum veya çok az farklılıklar olsa da sonuçta hepsi otistik.

Bunlar hep yaşantımızı kısıtlayıcı şeyler ve bizi zorluyor, diğer bir kısıtlama da B.'nin yanındaki davranışlarımız. O bizi çok rahat kopya ettiği için onun yanında kötü veya yanlış şeyler yapmamaya çalışıyoruz. Örneğin; deterjanı bir yerlere dökebilir, içebilir; birkaç kere çakmakla oynarken birtakım tehlikeler atlattı ve biz de bu gibi hareketlerimize kısıtlamalar getirdik. Mesela kızdığımda hafif poposuna vursam, o da kendine yüzüne vuruyor, "Ben kendimi cezalandırıyorum" dercesine...

Bu gibi kısıtlamalar hayatımızda baskı unsuru oluşturuyor, özellikle toplumun baskısı, mesela bir düğüne gitmezsek veya B.'yle gidersek sonuç hep kötü oluyor, o yüzden şu ana kadar almamış olsak da bizim gibi ailelerin psikolojik yardıma ihtiyacı olduğunu biz çok çok iyi biliyoruz, fakat gitmiyor ya da gidemiyoruz. Mesela ben hastanede bir kişiyi görsem maddi değil ama manevi yardım, teselli, destek gibi şeylerinden dahi çok faydalanıyordum. Kaderinizle başbaşa olduğunuzu düşünürseniz yemin ediyorum delirirsiniz, patlama noktasına geliyorduk. Bir anlık bir gülüş veya aynı duyguyu paylaşmak, ağlamak da olsa çok rahatlatıcı ve önemli. Ama şunu da ifade edeyim; biz aile olarak hiçbir zaman gocunmadık, onu getirip götürmekten bıkmadık ve ona karşı sevgimiz her geçen gün arttı, o ailemizin gerçekten çok büyük bir parçasıdır, belki bu zevki aldığımız için buralara kadar geldi.

İş yaşantıma zorluklar getirdi tabii, bir yıl hastaneye gittik ve hep izin almak zorunda kaldım ama bir şey diyecek durumda değillerdi, keşke olmasaydı da hiç izin almasaydım. Aynı zamanda bu özel okula başladığından beri sabah ve öğlenleri iş saatlerimde aksamalar oluyor, çünkü arabayla getirip götürüyorum, ama şimdilik bir sıkıntımız yok, ileride de ne olur bilemem. Bizim kurumda üç tane bu tip çocuk var, ama kimse pek bilmiyor bu tip bir durumu.

BABA 9

Adana'da yaşıyorduk, B. daha iyi eğitim alsın diye Ankara'ya taşındık, işimi değiştirdim, akrabalardan uzak... Kısaca hayatımızı değiştirdik desek yalan olmaz. Ev aldık, ekonomik sıkıntılarımız oldu. Benim 7-8 tane baldızım var, memlekette olsak sıkıntımız olmaz da, burada bakıcı sıkıntımız var, bizim çocuğumuza zaten herkes bakamaz ama bakıcıya da güvenemiyoruz, "Belki çocuğa baskı kurar" diye düşünüyoruz. Baskı kurdunuz mu susuyor. Baldızımın bir beyi var, yürekten sevmesine rağmen çocuk ondan küçük yaştan beri korktu, şu anda onun olduğu yerde, o üç gün olsun B. üç gün konuşmaz, onun için biz bakıcıdan da korkuyoruz. Şu anda ablasıyla beraber, ablası da idare ediyor, haftada üç gün okula götürüyoruz; sabah okula gidiyor, öğleden sonra özel okula gidiyor, iki gün ablasıyla beraber kalıyor –öğleden akşama kadar– ablası da çok ilgilenir, bakıcıdan çok daha iyi bakar. Memlekette olsaydık herkes ilgilenirdi, herkes onu bağrına basardı, evimiz barkımız vardı, ekonomimiz daha değişik olurdu. İnsanın ekonomisi daha düzgün olunca daha mutlu oluyor, ekonomi olmasa çocuk da zor olur bu şartlarda. Ama diğer yandan da toplum insanı deli de eder, kendi ilçemizde olsaydı, okula gitmeseydi, okulda durumu belliydi, yolda yürüyüşü belliydi, arkadaşlarıyla diyalogları belliydi, belki de "Deli" derlerdi ona, bu kesin bunu da biliyorum, işte "B.'nin deli bir kızı var" derlerdi, ama burada öyle bir şey yok, öyle bir şey deseler bizimle kötü olacaklarını biliyorlar, ama memlekette derlerdi bunu. Ama burada yok öyle bir şey, bir tek adam demiş baldızıma, baldızım da, "Nasıl konuşuyorsun böyle, biz onları topluma kazandırmaya çalışıyoruz, siz böyle davranırsanız nasıl olur" diye cevap vermiş. Adını o şekilde koyarlarsa onu silmek de zor olur, hani "Adı çıkacağına canı çıksın" derler ya, üzüyor tabii bizi de. Memlekete dönmememizde bu da önemli, belki benim için değil ama çocuğun geleceği ve psikolojisi için çok önemli.

Burada misafirliğe götüremiyoruz onu. Bu da biraz bizi kısıtlıyor, memlekette hısım akrabaya çok alışmışız, bizim de öyle bir eksiğimiz var, zaten ben de bir senede hemen samimi olmak istemem, çünkü her şeyini öğrenmem lazım, ama komşuların hepsi sever bizi, bir mesafemiz vardır tabii. Bu da daha çok bizden kaynaklanıyor sanırım.

Çevremizi değiştirdiğimiz için burada bir arkadaşımız yok, gittiğimiz zaman arkadaşlarımızın hepsine gideriz, zaten burada dört baldızım var, dört bacanağız burada kimseyi aratmıyorlar.

BABA 10

Artık eşim zamanının %90'ını, ben de işten arta kalan zamanımın %80'ini İ.'ye ayırıyoruz. Dersine zaman ayırıyoruz, gezdiriyoruz, çocuk eğlencelerine götürüyoruz. Bizim sosyal faaliyetlerimiz yok denecek kadar az. İzne gittiğimde moralim bozuk dönüyorum artık. Çünkü akranlarını gördüğümde moralim bozuluyor, artık izne memleketime gitmiyorum. İlkokula filan da fazla gitmiyorum aynı nedenden ötürü...

Eşimle ilişkimizde daha iyiyiz, sıkı sıkı bağlıyız birbirimize. Ben de ona daha çok ilgi gösteriyorum, çünkü çocukla daha çok ilgilenen o, ağırlığı o çekiyor. Moralinin düzgün olması için elimden geleni yapıyorum.

BABA 11

Bir müddet, iki yıl, bizim eve ne misafir geldi ne de biz gezmeye gittik. İki yıl biz hep O.'ya, bakıcısı hanım gündüz ne yapmışsa onları tekrarlıyoruz, tekrarlıyoruz... Gittiğiniz yerlerde hep size sorular soruluyor "Bu çocuğu hiç mi yedirmiyorsunuz?", "Bu çok zayıf", "Bunlar üvey mi öz mü?" gibi sorulara maruz kalıyorsunuz. Bu konuda hiçbir bilgisi olmayan insanlara her şeyi anlatmak durumunda kalıyorsunuz. Bu süreci yaşadık ve yaşarken de iki yıl biz hiç evden dışarı çıkmadık, çok acil durumlar –bayram ziyareti, yılbaşları gibi– hariç biz hiçbir yere çıkmadık. Tamamen kendimizi O.'ya adadık ve onun yaşıtlarıyla eşdeğer bir duruma gelmesi için uğraştık. Onun yaşantısına etki edecek ziyaretlerden uzak kaldık. İki yıldan sonra çok büyük tereddütlerle tatile çıktık ama O. bizi hiç üzmedi, bizi rahatsız etmedi.

O. büyüdükçe, bazı şeyleri yendikten sonra, artık bazı değişiklikler yapmanız gerektiği düşüncesine giriyorsunuz ve biz de yavaş yavaş açılmaya başladık biraz daha, bu arada O.'dan büyük bir ağabeyimiz var, onun da birtakım ihtiyaçları var, bütün ilgi O.'yla olduğu için onunla fazla ilgilenemedik. Ama o bize hiçbir sıkıntı, sorun yaratmadı, sağ olsun ve hâlâ da 23 yaşında olmasına rağmen kardeşinin en büyük yardımcısı olarak büyük bir özveriyle devam ediyor. Zamanla her şey yerine oturmaya başladı, ancak hiç kolay değil geldiğimiz yol. Ama O. çok özel bir çocuk, koşullar, kişiler ve şartlar hep O.'nun lehine oluştu.

Bizim O.'yla birebir ilgilenmemiz gerekiyor, bir yere gittiğimiz zaman "Rahat edemeyebiliriz" diye biz O.'yla evde olmayı tercih ediyoruz. O. suyu dökse evimizin halısı ıslanır, ama misafir gittiğimiz bir yerde suyu dökse biz rahatsız oluruz. Bu arada çevremizde çok bilinçli dostlarımız da vardı, onların destekleri bizim için çok büyük bir güç kaynağı oldu ve yavaş yavaş bu konuda Türkiye'de önde gelen kişileri tanıdık. Eşim seminerlere gidiyor ve orada aldığı bilgileri bizlere aktarıyor, o gidemezse ben gidiyorum ve motamot not tutup gelince anlatıyorum.

BÖLÜM 3

İLK GÜNLERİ, YILLARI VE BUGÜNLERİ KARŞILAŞTIRDIĞIMIZDA ÇOCUĞUMUZDA NE GİBİ DEĞİŞİKLİKLER GÖZLÜYORUZ?

BABA 1

Yavaş yavaş, normal çocuklar gibi olmasa da, ufak tefek gelişmeler oluyor. Sinirleri düzene girdi. Çamaşır giyiminde kolunu, ayağını uzatacağı yeri biliyor. Tuvalet eğitimini de tamamladık. Daha kontrollü bir yaşama geçiyoruz, bir buçuk yıldır. Bu da bizde büyük mutluluğa yol açıyor. Sinirine daha egemen olabiliyor. Bu değişiklikleri biraz zamana, biraz okula, biraz da birlikte olmamıza bağlıyorum. Böylelikle ilk teşhis zamanı bozulan düzenimiz tekrar yerine geliyor. İlk zamanlar uyku yoktu, gece saatlerce uyanık kalıyorduk, uyutuyorduk yine uyanıyordu. Allah'a şükürler olsun o günleri atlattık. Uykuları düzene girdi. O günlerde karı koca birbirimize kırıcı oluyorduk. O evre birkaç ay sürdü. Şu anda atlattık. En azından geceleri uyuyup dinlenip ertesi güne hazırlanabiliyoruz.

Bir de kucakta uyku, bacakta sallayarak uyku vardı. Şimdi yanına yatarak uyutabiliyorum. Şu an büyük tuvalet eğitimi uğraşısı içindeyiz.

BABA 2

Yaşıtlarıyla çok beraber olamıyordu. B.'nin kardeşi yok. Yeğenlerim var ama onlar da yaşça büyük. Dolayısıyla bu konuda çok fazla bir değişiklik olmuyor. Ama kreşteki gözlemlerimiz kadarıyla; sanki biraz daha çocuklarla beraber olabiliyor gibi. Bundan dolayı gelişmeler oldu. Kreşteki arkadaşlarından bir şeyler görüyor ve onların mutlaka olumlu yönde katkıları oluyor. Tabii biz çok ani değişiklikler de beklemiyoruz, ama olumlu yönlerde ufak ufak gelişmeler görüyoruz. Bu, belki ben böyle olmasını istediğimden dolayı veya gerçekten öyle, bunu hissediyorum. Bana, sanki aşacakmışız gibi geliyor. Biz problemleri hep konuşma yönünden düşündüğümüz için; sanki konuşacakmış gibi geliyor. Konuşma problemini aşacak gibiyiz ve konuşmasını aştıktan sonra, sanki diğer problemleri de çözecekmişiz gibime geliyor.

BABA 3

Otizm hakkında çok şey bilmiyorum, diğer çocuklar nasıl bilmiyorum. C. hiç ummayacağınız şeyleri yapıyor. Örneğin, bilgisayarda; beni izleyerek her şeyi öğreniyor. Zekâsı ile becerileri farklı ilerliyor, çizgi filmlerdeki müzikleri usanmadan ezberliyor. Bütün replikleri ezbere biliyor, ama hâlâ pis ve kötüyü ayırt edemiyor. Huyu belli, istediğinde diretiyor, anlatamıyorsunuz, bilgisayar konusunda çok meraklı ama istedikleri olmadığı zaman bir savaş çıkıyor. Dövseniz olmuyor, cezalandırsanız anlıyor mu bilemiyorsunuz. Kendine zarar verebiliyor, "Niye yemiyorsun?" diye sorduğumuzda korkar, bir kere daha içine kapanır diye çekiniyoruz, baskı altında kalmasını istemiyoruz, ama yapacak bir şey yok. Eve gelenlerden ilgi bekliyor, yeğenimi kucağıma alınca kıyametler kopuyor. Aslında otistikler böyle tepkiler vermezler. "İyi geceler" diyor ve gidip yatıyor. Bunlar benim için dünyanın en mutlu anları, çünkü suyunu istemeyen bir çocuktu, anneyi babayı karıştırıyordu. Bizimle beraber sofraya oturmuyordu, odasında oturup yemek istiyordu, şimdi bu yönde ilerlemeleri görünce seviniyoruz. Her şeyi önüne bıraktık, bir ışık bekliyoruz. Annesine ihtiyacını söyleyince bize hediye oluyor.

BABA 4

A. artık tek tük cümleler kuruyor. Ben bunlardan etkileniyorum, şimdi biraz zorlanarak ihtiyaçlarına yönelik cümleler kuruyor. "Ben dondurma almıştım, onu dolaba koymuştum, ben o dondurmadan istiyorum" diyor. İhtiyaçlarına yönelik şeyleri zorlansa da düzgün cümleler haline getirip söyleyebiliyor. Hataları yok mu; elbette var, örneğin, dolmuşun kapısının açılıp kapanmasına aşırı takılıyor. Dolmuşa bindiğimizde gözü hep kapıda, dolmuştan iniyoruz, dolmuş gidene kadar kapısının nasıl kapanacağını bekliyor.

Özellikle konuşma konusunda biz M. hanımın ve kreşin çok faydasını gördük. İnanır mısınız bir yılı geçti buraya geleli, geldiğinden beri A.'da her hafta ilerleme gözlemledik. Önceden kuramadığı cümleleri şimdi rahatlıkla kuruyor. Sayılara karşı ilgisi azaldı, şimdi okumaya karşı aşırı ilgisi var. Masal kitabı okuyor, matematikte pratiği arttı, şekillerin toplamlarını sayıyor, onu oraya yazıyor vb. Bunları yaparken beni de yardıma çağırıyor, "Gel yanıma otur" diyor, "Bunları buraya mı yazacağız?" ya da "Bunlar ne?" diyor. Eskiden böyle mantıklı cümleler yoktu A.'da... Böyle şeylerle karşılaşınca inanılmaz bir sevinç duyuyorum. Belli etmiyorum, dışa vurmuyorum ama içimden "Bu cümleyi de kurdu A." diyorum. Telefon konuşmalarında ilerlemeler var, eskiden "İyiyim" der kapatırdı, artık örneğin, Adana'daki halamızla konuşurken "Ne zaman geliyorsun? Ben seni çok özledim, araban duruyor mu, araban kırmızıydı değil mi senin?" diyor ya da "Gelince beni gezdireceksin değil mi? Pikniğe gidelim" diyor. Önceden ben A. pot kırmasın diye telefonu açmadan önce konuşacaklarını söylüyordum. "Bak A. böyle böyle diyeceksin" diyordum. "Tamam" diyor, ama çoğunu söylemiyordu. Ama şimdi ben ona hiçbir şey söylemeden telefonu uzatıyorum ve "A. hadi amcanla konuş" diyorum. Biraz zorlansa da çok güzel cümleler kuruyor. Telefon faturaları kabarsa da biz A.'nın konuşmasından büyük zevk alıyoruz. Bu mantıklı cümleleri A.'dan duyacağım hiç aklıma gelmezdi. O ilk zamanları hatırlıyorum da; çocuk ne mantıklı cümle kurabiliyor ne de doğru tepkiler verebiliyordu. Ama zamanla –bazı değişik tepkiler verse de– ilerleme gösterdi. Örneğin, işine gelmeyen bir şeyi istediğimiz zaman bazen olmadık davranışlar yapabiliyor, ama mantıklı bir şekilde açıkladığımız zaman yüzde doksan dokuzunda yola geliyor. O yönü de çok hoş, o konuda da gelişmesi oldu. Eskiden istemediği bir şeyle karşılaştığında kesinlikle çıkar giderdi. Odasının kapısını çarpar, oraya kendini kapatır, "Gelme" derdi. Ya da eskiden bizden ayrı yatamazdı. Ama artık bazen "Ben odama gidiyorum, masal okuyacağım" diyor. Bu çok güzel bir gelişme. Benim hayallerimdeki bir şey.

Böyle inanılmaz gelişmeler oldu. Biz kendimizle sürekli bir hesaplaşma halindeyiz, bazen iyi bazen kötü. Hep bir sonuca varmak istiyorum, varamayacağımı gayet iyi biliyorum. Bazen "Boşa mı kürek sallıyoruz" diyorum. Öyle bir umutsuz vakasınız ki, çaba gösteriyorum ama sonucu çok merak ediyorum. Bir gün M. hocaya "Bu çocuk normal bir okula giderse, toplumun içine karışırsa her şeyi yenebilir mi?" dedim. M. hanım birden duraklayınca anladım. "Tamam" dedim, "Boşverin, sormamış olayım". O anda öyle cevap duymak istiyorsunuz ki "Tabii ki, burada eğitim biraz hızlansın, çocuk okula gider, herkesle oynar, patır patır düzelir gider" demesini bekliyorsunuz. Ancak onun bir an "Eee" falan demesi... "Tamam, ben anladım" dedim. Maalesef gerçek bu. Bazen eşimle konuşuyoruz. O daha çok araştırıyor bu konuyu. Düzelen çocukların olduğunu söylüyor eşim, o zaman tüm umutlarım yeşeriyor. Diyorum ki "Üç ayda bu kadar ilerleme kaydetti, biz aynı tempoda devam ettirirsek belki de daha somut şeyler elde edeceğiz". Kafam karmakarışık. Dediğim gibi "Başarabileceğiz" umudu var, ama geri planda da "Acaba olacak mı?" düşüncelerinden kurtulamıyorum. Bunları bir atabilsem... Ama ben atamayacağım, onu da biliyorum. Ancak dediğim gibi belli bir seviyeye geleceğimizi çok iyi biliyorum, çünkü inanılmaz gelişimler gözlemliyorsunuz. Eskiden pat yola atlardı mesela, ama bunun eğitimini vere vere "Oğlum bak araba tehlikelidir, şöyledir böyledir" diye diye şimdi en küçük tehlikede tedirgin oluyor ve kendini geri çekiyor.

Teşhisinden itibaren bugüne kadar olan gelişmeleri düşünüyorum da, belki her gün kafamda değerlendiriyorum, "Teşhis konduğunda şunları yapıyordu, şunları söylüyordu, şu anda bunları yapıyor, bunları söylüyor" diyordum, gerçekten çok ilerleme kaydetti. Kendime göre grafikler çiziyorum beynimde, yüzdelere vuruyorum da bayağı iyi yerlere geldiğimizi görüyorum. Bu da sevindiriyor tabii beni. Bizim için çok umut verici bir şey oluyor ve bizim isteğimizi de artırıyor.

BABA 5

Şimdi çok çok iyi, "kola" diyorsunuz, tepki veriyor, onu seviyor. Tüm gazeteleri, bankaları sayıyor, yazıyor, okuyor. Şimdi artık kızdığım zaman anlıyor, "Televizyon" diyorum, "D kanal, ATV" yazıyorum anlıyor. "'Böyle mi olacaktı' bu akşam hangi kanalda?" diyorum, "ATV'de" diyor.

Eskiden altına yapardı, hanım çok üzülürdü, ağlardı. Gereken doktorlara götürdük bir ilaç verdi, tahlil yaptı, sonra ilacın işe yaramadığı ortaya çıktı, bu sene çok çok iyi.

Buraya geç başlattık, keşke daha erken verseydik, buranın çok faydası oldu, "İ. dondurma aldı" diye yazınca çok hoşuna gidiyor, bunları görünce şükrediyoruz. Çocuklar arasında iletişimi yoktu, şimdi kreşe de verdik, bayağı faydası oldu. Haftanın dört günü burada, üç günü kreşte.

Eskiden odada koşuyordu, koltuklara tırmanıyordu, çok hareketliydi, şimdi değil. Televizyon seyrediyor, olmazsa kalem getiriyor, deftere yazı yazıyor, olmazsa duvarlara yazıyor, kâğıda kaleme merakı, hevesi var. Eskiden bilmiyordu, kendinde değildi, ama şimdi sevindiği zaman gülüyor, üzüldüğünde ağlıyor, eskiden pek neyin ne olduğunu bilmiyordu. Bir şey istiyorsa kolumuzu çekiyor bir şekilde ne istiyorsa yaptırıyordu, vermezsek ağlıyordu. Çok çok olumlu değişiklikler oldu. Sinirlenirse bir şeyler yapar, bardak kırardı, şimdi odaya koşuyor salona koşuyor, mesela –ballı süt içer– artık "Süt" diyebiliyor. "Baba" diyor "Anne" diyor, suya "u" diyor. Eskiden toprak yerdi, şimdi yemiyor.

Sinirlenirse üstünü çıkartıyor hâlâ, veya bir şeyler atıyor, sinirlenmezse, iyiyse televizyon seyrediyor. Kreşte arkadaşlıkları ilerledi, eskiden aralarına girmeyi bilmiyordu, şimdi el ele tutuşuyor, işaret ediyor, "Gelin şurada oturun" diye. Eskiden iletişim kopukluğu vardı, inşallah daha da ilerletebiliriz. Buranın da çok faydası oldu, öğretmenlerin de... Renkleri biliyor, örneğin, rakamları 10'a kadar sayıyor. Okuma ve yazmasını evde tatbik ettiriyorum, İ. (ismi) yazıyorum B.'yi (soyismi) o yazıyor. Mesela dolmuşta biz ayaktaysak, oturan birisini kaldırıyor, beni çağırıyor "Sen otur, ben senin üzerine oturayım" diyor. Süpermarketlere, çikolataya, Fanatik gazetesine çok meraklı. Kreşe gitmeye istekli, oraya varınca hemen içeri koşuyor, çok hevesli... Bu sene belki okula veririz, devlet okulları da kalabalık, özel okula vermek istiyoruz. Kreşte öğretmeni de çevresine uyum sağladığını söylüyor, yemek yemese bile masada diğer çocuklarla oturuyormuş.

BABA 6

Baştan bu yana Y.'nin gelişimi açısından çok büyük ilerlemeler oldu, kendimizi ona adadık. Onun ilk zamanlardaki umursamazlığı yok, çok değişti. İletişim kurmak çok zordu eskiden, şimdi biraz daha iyi, ama hâlâ göz göze muhabbetimiz yok. Ders açısından da çok değişti. Hayat bilgisi derslerinde anlaması çok gelişti, matematiği çok gelişti; dört basamaklı sayılarla rahatlıkla işlem yapabiliyor, ezberi çok kuvvetli. Okulda çok sık tuvalete gitmek istiyormuş, sınıftan çıkmak için de bunu yapıyormuş. Kardeşi ile güzel diyalogları var, oyun oynuyorlar birlikte. Eskiden isteklerini söyleyemezdi, şimdi biraz üstelerseniz söylüyor. Annesinden istekleri daha çok oluyor. Hepimiz ilk başladığımızdan farklıyız bugün, ben karamsarlığımı attım, bunu kabullenmemiz lazım. Sabırlı birisi oldum, benim durumumda olan arkadaşlara da telkinde bulunmaya başladım. Gücümüz yettiği ölçüde her şeyi yapıyoruz. Çok şükür ilk başlangıca göre farklıyız.

BABA 7

Çok zorlanacağımızı zannettiğimiz şeyleri B. kendisi halletti. B. zamanlamayı kendisi halleder mesela. "B. yeni bir şey öğrenecek" ya da "B. şunu bilecek" değil, B. zamanı geldiği an, ne yapabileceğini çok iyi biliyor. Daha önce ona öğretilen, yapmasını istediğimiz –mesela onun için gerekli olan stille sağ elini kullanması, sol elini kullanması gibi, yaklaşıp yemek yemesi, tuvalet alışkanlığı gibi– şeyler gelişti. Başta ona biz doğruları gösterdik, B. bazılarını aldı bazılarını istemedi. Hiç istemediği şeyi bir gün kendi kendine yaptı ama şimdi tuvalet sorunu yok B.'nin. Sadece nerede nasıl davranacağını bilmiyor. Çünkü ev ile okul arasındaki farkı tam kavramış değil. B. artık yemeğini kendisi yiyor, tuvalet ihtiyacını kendisi görüyor, hatta onun tuvalet temizliğini ben ya da annesi yaparken şimdi B. bunu kendisi hallediyor. B. yapması gereken, olması gereken şeylerin zamanını kendisi saptıyor. Bizim, ona çok zor geleceğini düşündüğümüz bir şey diyelim, B. bunu zamanı geldiği an çok kolay halledebiliyor.

B. bisiklete biniyor, B. bir scooter kullanıyor, onun yaşındakiler öyle kullanamaz. Fiziksel olarak B'nin hiçbir şeyi yok, sadece birtakım farklı şeyler... Toptan korkuyordu mesela. "B. bu top" dediğimizde topu eline alamıyordu, topu yere vururken veya atarken bakmadığı, aklını oraya vermediği için, toptan korkuyordu. Biz biraz çalıştırdık, pek alışamadı. Ama dün ve evvelsi gün baktım topla pat pat pat kendi kendine oynuyor. Bazı şeyleri çocuğa bırakmamız gerektiğini düşünüyorum ben. Devamlı olarak "Hadi bize göster", "Hadi bakalım bir, iki, üç, beş" değil. B. o tür bir çocuk değil. B. işine geldiği zaman bir işi çok güzel yapıyor. Onun denetimini elden bırakmak istemediğimiz için onun her şeyini biz yapmışız, ama yapmamalıymışız.

Okuma konusunda –sağ olsun annesi ilgileniyor devamlı olarak– iyi. B. okuldan geliyor, kimse yardım etmeden, yemeğini yiyor, salona geçip kitabı alıp başlıyor okumaya, herhangi bir şey, sevdiği masal, öykü... Onu sesli okuyor böyle gayet güzel. Oysa B.'ye "Oku" diyen yok, bunu kendisi istiyor. Biraz "r" harflerine karşı teklik var ama küçük çocuklarda, bizim normal saydığımız birçok insanda bile var. Ama B. "r"lerin üzerine özellikle gidiyor, "r...r" diye. Onlar biraz "r" gibi değil de "y" gibi çıkıyor ama onları çalışıyor kendisi.

B. ders çalışıyor. Bunları görmek beni mutlu ediyor bir baba olarak.

Matematik konusuna gelince, o da aynı... B.'nin hocası annesi ve matematik konusunda gittikçe ilerliyor; bu da beni sevindiriyor, çünkü matematiğe karşı benim de bir anıklığım vardı ve bunu B.'de görmek hoşuma gidiyor. "O bana çekmiş" diyorum...

Konuşma konusu; benim de başıma geldiği için belki daha çok hoşuma gidiyor. 18-19 yaşlarına kadar ben kekemeydim. Hem de had safhada, ileri derecede kekemeydim. Ben yıllarca duvarlara konuşa konuşa, inat ettim, konuştum ve konservatuvara da girdim. B. de konuşacak inanıyorum.

BABA 8

B.'de çok sevindirici şeyler oluyor, hiç yapmadığı ve bilmediği bir hareketi yaptığı zaman ben çok seviniyorum, her gün yeni bir şeyleri keşfediyor, yeni şeyler yapmaya çalışıyor. Burada –özel eğitimde– yemek yemesinden, üstünü giymeye kadar öğrendi ve öğreniyor. Önceden geceleri uyumazdı, uykusu düzensizdi, şimdi belli bir saatte yatırılınca bütün gece uyuyor. Şimdi alt katta spor da yapmaya başladılar ve samimiyetle söylüyorum normal bir çocuğun yapamayacağı hareketleri dahi yapabiliyor. Örneğin takla, koşma vb. inanılmaz bir tempoyla yapabiliyor, hem de, çok uzun süre yürüyebiliyor. Geçen gün ben parkta gezdirirken, gitti çeşmeyi açtı ve ağzını tam dayamadı çeşmeye, eliyle diğer taraftan kapattı ve fışkırtarak daha tatlı gelmesini sağladı, bunu ben öğretmedim ona ve inanamadım zekâsına. Günlük, periyodik olarak parkı dolaştırırız, çünkü bundan büyük zevk alıyor. Anneden ne görüyorsa, müthiş bir kopyalamayla aynısını yapıyor. Örneğin, bizi diş fırçalarken görüyor, o da fırçasını alıp üzerine diş macununu sürüp dişlerini fırçalayıp yerine koyuyor. Annesi yemek yaparken o da patatesleri küp küp doğrayabiliyor, beni de traş olurken taklit ediyor. Dışarıdan ayakkabılarıyla asla içeri girmiyor, bunlar çok sevindirici şeyler, bunu bizlerin yanı sıra buradaki eğitmenler de veriyor, bu hocaların büyük emeği var. 10 ay öncesine kadar B. yemek yiyemiyordu, sofraya dahi oturmuyordu, hiperaktif olduğundan dolayı. Bugün ise sofraya oturup yemeğini yiyor, tabii çok sevdiği yemekler olursa... Sonra ellerini yıkayıp 10-15 dakika da olsa oturuyor, ondan sonra ya park ya da bir etkinlik... Mutlaka bir şey yapmamız gerekiyor. Sevdiği yemekleri artık çok yiyor, ama çok hareketli ve o yüzden kilo almıyor, bu hareketleri de dengeli. Diğer bir örnek; önceden asla arabanın arkasında oturtamazdık, sonra alıştıra alıştıra artık kendisi arabanın arkasına geçip öyle paşa paşa gelip gidiyor.

Bazen 3-4 saat normal bir çocuk gibi oturuyor, oynuyor, ama bir an geliyor her şey kopuyor, sanırım dikkat eksikliği de buna sebep oluyor. Bence bunlardan şu çıkıyor: Bizlerin sabır ve emekten başka yapabileceği hiçbir şey yok. Buradaki hocaların dediğine göre; bu çocukların bir rengi öğrenmeleri bir yılı alıyormuş. Buradaki özveri ve sabrı siz düşünün. Bu okula gelmeden önce kalem tutmayı dahi bilmiyordu, şimdi okulda öğrendiklerini evde yazmaya çalışıyor, bunlar hep eğitimin verdiği güzel gelişmeler. Artık elbiselerini, çoraplarını giyebiliyor, sabahları 10 saniye içinde hazırlanıyor, onun evde kalacağını, benim gideceğimi biliyor. B. dört yıl yürüyemedi ve doktorlar da "Yürüyemez", "İşiniz şansa kalmış" gibi şeyler söylediler, dört yıl sonunda yürüdü ama kendiliğinden. Bu bizi umutlandırdı, çünkü öncesi bir hayaletten farksızdı, önceden susadığını dahi bilmiyordu, şimdi ise susayınca bardağı alıyor sürahiden dolduruyor, sürahide su yoksa gidip musluğu açıp oradan dolduruyor, eğer doymadıysa bir bardak daha içiyor, bu da zekâsında bir nebze olsun ilerleme olduğunu gösteriyor. Bizler için çok çok sevindirici bir hadise bu. Şu sıralar kıskanma davranışları başladı ve ben bunu sevindirici buluyorum, çünkü "Çocuk" diyorum, normal bir çocuk gibi, dayısının çocuğuyla oynarken ne varsa alıp yanıma kaçıyor. Bütün bunlar veya bir kalem tuttuğunu görmek dahi bize tarif edemeyeceğimiz kadar güzel duygular yaşatıyor ve bunlar hem biz hem de özel okuldaki hocaları sayesinde. Her geçen gün karınca gibi, cetveldeki noktalar gibi milim milim ilerliyor. Benim gözlemlerim bunlar... Her geçen gün ilerliyoruz, geri gitmek yok. Eskiden yaşadığının bile farkında değildi, artık bakışlarına bir anlam geldi, daha çok bizimle ve çevreyle ilgili ve tepki veriyor. Bence insanın inandıktan sonra yapamayacağı, başaramayacağı şey yok. Evde kalıp hayata, insanlara küsseydik belki çocuğumuzu kaybedebilirdik.

BABA 9

Tabii çok değişmeler var, yazmasında olsun, konuşmasında olsun, el hareketlerinde olsun, inmesinde, gitmesinde, anlamasında, asansöre bindiği zaman neye basıp aşağı ineceğini, kaç numaranın yukarı çıkacağını biliyor, değişiklik çok, çok şey öğreniyor, öğrendikçe de çok değişiyor. Bizim her dediğimizi alıyor ama veremiyor, durup dururken mesela "Kızım git bana tarak getir" desem gidip tarağı alıp getiriyor, tabak desen tabağı alıp geliyor, bunlar evin içinde olan şeyler, bunların hepsini yapıyor ama çocuk sadece konuşamıyor. Hızlı hızlı, bir şey konuş desek geveliyor, ne dediğini anlamıyoruz ama bir şeyler diyor bize.

Çocuğun tek sorunu dil, ince motor hareketlerinde bir sorun olmuş, dilini sağa sola yukarı hareket ettiremiyordu, şimdi bu konuda da ders alıyor, artık sağa sola ve yukarı yapabiliyor. Dilinin üzerinde bir şey durduramıyordu, örneğin pipet gibi şimdi onu da durdurabiliyor, dilde de gelişme var. Harfler ağzından ters çıkıyor, o da en kolayına gidiyor, örneğin balığa "Talıp" derken biz "Balık" diye diye artık "Balık" diyebiliyor. Arabaya bineceğini anlıyor, eve gelince ineceğini anlıyor, GİMSA'ya varıyoruz "GİMSA" diyor, her şeyi, öğrendiği kelimeleri söylüyor. Kelime bozukluğu var, biz anne baba olarak anlıyoruz, ancak dışardakiler anlamıyor. "Bu dil hareketleri daha da düzelirse konuşması daha da düzelebilir" diye düşünüyoruz. Evde olan her şeyi biliyor, dışarıyı da biraz biliyor, mesela markete gidince hoşuna giden sakız çikolata varsa gidip alıyor kasadan. Birçok şeyi bizimle beraber yapıyor. "Şunu yapamıyor" diye bir sıkıntımız yok, sadece konuşamıyor.

BABA 10

Bayağı bir yol katettik. Az bir yol değil. Bilirsiniz otizmin standart özelliklerini, dönen cisimlere ilgisi vardı, bazı el hareketleri, kelime tekrarları yapardı. Bunları yok ettik. El hareketleri vardı, onları da unuttu. Kendi yemeğini yiyebiliyor ama, sıvı yemeklerde daha başarısız. Katı gıdaları rahat yiyor. Tuvaletini kendisi yapabiliyor. Ara sıra ters giyse de kendi başına giyinebiliyor. Bayağı ilerleme katettik. Okulun çok faydasını gördük, tayinimin olmasından o yüzden korkuyorum. Burada dahi okul değiştirmiyorum. Bu okul gerçekten çok iyi düzeyde bir okul. Şu an okuma yazma da öğretiyorlar. Okuma yazmayı zaten kendisi 3 yaşında televizyona, gazetelere bakarak çözdü. Kendi kendine reklamlara baka baka okumayı çözdü.

Konuşması düzeldi, tekrarlamaları gitti. Bize de yakınlaşmaya çalışıyor. Göz kontağı başladı. Fakat çok duygusal. Azıcık kızsak hemen gözünden yaş akar. Bana benzemiş. Eskiden tehlike nedir hiç bilmezdi, yılanı görse avuçlardı. Şimdi yavaş yavaş öğrendi, araba geldiğinde kaldırıma çıkmayı da öğrendi.

Parmak kasları zayıf olduğu için yazı yazmak zor geliyor. Hamurla oynaması lazım. Matematikte iyi. Geçen gün Türkçe yazılısından 100 üzerinden 70 almış, ama zorla, biz çalıştırdık. Zekâ olarak da iyi, aklında her şeyi tutar, bir şeyi söyleyin zamanı gelince mutlaka size hatırlatır. Hiçbir şeyi unutmaz. Günlük hayatta yapması gereken şeyleri iyice öğrendi ama akranlarıyla kıyaslayınca çok farklı...

Dünya üzerinde değişik ülkelerde bu hastalıkla ilgili gelişmelerden bilgi sahibi olamıyoruz. Bunları takip edip öğrenmek istiyorum.

Bu başımıza gelmiş çekeceğiz. Bunlar bizim gözbebeklerimiz, bize emanet edildi, bakacağız. Bahçedeki bir bitkiye bile su vermek durumundasınız, bu da öyle, ilgimizi göstereceğiz. İyileşmeyecek artık ama, yapılması gerekeni yapacağız.

BABA 11

Örneğin fiziksel olarak O. çok zayıf bir çocuktu. O. şu an yaşıtlarıyla aynı boyda, kilo olarak da biraz toplu bir çocuk. Bu da damak zevkinden kaynaklanıyor. O.'da müthiş bir damak zevki vardır.

Yanlışla doğruyu, zararlıyla faydalıyı çok iyi ayırt eder O. Karşı cinse karşı yavaş yavaş normal olarak ilgisi arttı. Hiç alışkın olmadığınız, böyle bir çocuğun soramadığı sorular sorabiliyor. Yani O. doğduğundan bir yaşına kadar, bir yaşından iki yaşına ve iki yaşından dört, dört yaşından altı yaşına kadar çok çeşitli aşamalar geçirdi. O. bir gün öncekine göre bile aşama kaydedebilen bir çocuk artık ve kendisini sürekli yenileyip, kendisine yeni bir şeyler katan bir çocuk. Biz bunu gördükçe çok seviniyoruz. Çok iyi yerlere gelmesini istiyorum ben. Sadece kendi çocuğum açısından değil; bu örnek olacaktır, başka çocuklar açısından da faydalı olacaktır. O., gerçekten otizm konusunda neler yapılabileceğini gösterecek çok güzel bir örnek, son derece saygıdeğer, çok iyi arkadaşlık ilişkileri içerisinde, kibar bir çocuk. Biz hep O.'ya iyi örnek olduk, çünkü bu çocuklar için önündeki örnekler çok önemlidir. Bizim, özellikle fiziksel açıdan yardımlarımız oluyor, bazen biz de yoruluyoruz ama değiyor. Otistik bir çocuktan dört, beş, altı tane cümleyi bile arka arkaya getirip konuşması beklenmezken O. tam bir İngiliz politikacıları gibi "Babacığım bugün beni öyle bir sıkıntıdan kurtardın ki dile benden ne dilersen" diyor. Biz O.'nun şu anki gelişmesinden memnunuz ama yeterli olmadığını, çok daha iyilerini yapabilecek kapasitede olduğunu hissediyoruz, ama biz anne baba olarak da bir yere kadar... Bu konuda eğitimini almadık, ama birebir yaşıyorsunuz sıkıntıyı, kendinizden öğreniyorsunuz. Örneğin çocuğu sinemaya, tiyatroya götürmemizi kimse önermemişti, biz kendimiz yaptık bunu, şimdi anlıyoruz ki çok iyi olmuş bunlar.

Şimdi dönüp arkaya bakıyoruz da nereden nereye gelmişiz... O., 5 yaşına kadar hiç konuşmadı, 3 yaşına kadar hiç yürümedi, birden ayağa kalktı koşmaya başladı, şarkı söylüyordu ama konuşmuyordu. O. olayı bizi biraz zorlasa da O.'da görmüş olduğumuz ışık bizi daha çok teşvik etti. "18 yaşına kadar ne verirseniz verin" dedi "Zorlayın, ama verin" dedi doktorumuz... Şimdi O. hep alıcı ve verici bir çocuk... Çok güzel bir diyalog kurulabiliyor O.'yla, alıyor, yansımalı bir şekilde en kısa zamanda size veriyor...

Önceleri evde her şey O.'ya göre düzenleniyordu ve biz bu konuda eleştiri alabiliyorduk, ancak yavaş yavaş biz de kendimize göre bir yaşam başlattık artık, O. da buna uyum sağlıyor. Eskiden mümkün değil evde yalnız bırakamazdık ama şimdi O. "Anneciğim babacığım, siz arkadaşınıza gidebilirsiniz, ağabeyim ders çalışır, ben de televizyon seyrederim, bir şeyler yerim merak etmeyiniz" diyor. Bunlar tabii çok güzel şeyler, ama güzel şeyleri elde etmek için çok büyük emekler harcandı.

BÖLÜM 4

FARKLI BİR ÇOCUK ANNE BABASI OLARAK ÇEVRENİZDEN VE UZMANLARDAN NASIL BİR YARDIM ALDINIZ?(*)

(*) Baba 2 bu soruyu yanıtlamak istememiştir.

BABA 1

Aile desteği olarak; ne hanımın ne de benim akrabalarım Ankara'dalar. Benim bir ablam var, ama o da böyle bir olayı kaldıracak kapasitede değil. Böyle bir yardım için onun ne evi, ne de sağlığı uygun... Bir tek o kapımız vardı, o kapıyı da kullanamadık. Çocuk çok hareketli, ablam kilolu, evi müsait değil, semti de ters bize. O yüzden de oraya bırakmak istemedik. En baştan beri kreş desteği ile götürdük.

Tıbbi desteklere gelince; Ankara Üniversitesi'ne, oradan da Hacettepe'ye gittik. F. hanım ilgilendi, tamamen sosyal pratikle çözümleme getirdi. Ankara Üniversitesi'nde ayna gerisinde izlemeye alındık, birkaç seans görüşmeye girdik. Sonra heyet raporu çıkınca özel eğitime başladık. En büyük endişem, konuşmanın gecikmesi. Odyolojiye başvurdum, işitme merkezinde birkaç seans yaptık ama, onlar fiziksel konuşamama ile ilgileniyorlar. Otistik çocuklarla çalışmamışlar hiç...

Aslında özellikle internetten sıkça "Nereye başvurabiliriz" diye aradık. Ancak sonuç alacağımıza pek inanmadık.

Yurtdışında ailelerle çok iyi çalışmalar var, burada bu işi el yordamıyla götürüyoruz. "İnsanların problemlerinin çokluğu bu işi olumsuz etkiliyor" diye düşünüyorum. Amerika'ya gitmeyi düşündüm, ama dil problemi yüzünden gitmiyorum, çünkü orada İngilizce konuşmayı öğretecekler. Zaten orası da çözememiş bu problemi, ama bizden biraz daha iyi gibi geliyor orası. Okulda öğretmenlerin çok faydasını gördük, özellikle H. beyin uzmanlığına inandım. Uzmanlar da haklılar, belki benim çocuğumu çözümleyemiyorlar.

İşyerindeki yöneticimden büyük bir manevi destek aldım. İş saatlerindeki değişikliklerde bana anlayış gösterdiler.

Toplum köstek oluyor. Dışarıda iken çocukların tavırlarına, seslerine hiç anlayış gösterilmiyor. Kötü bakıyorlar, bir şey söylüyorlar, bizleri hiç anlamıyorlar. Toplum çok bilinçsiz bu konuda. Ben çocuğumu dışarı çıkartıyorum, ama birçok anne baba bu nedenle çocuklarını evden çıkartmıyor. Toplum ittiği için aileler eve kapanıyor.

BABA 3

Başka ailelerle, hatta akrabalarımla bile görüşmüyoruz, gittiğim yerde rahat edemiyorum. Kuzenim var, onun dertleriyle ilgileniyorum, o da benim çocuğumla ilgileniyor. Her gün onlar da ilgilenemiyorlar. Gidip de insanlara çok şeyimi anlatmam ben; insanların "Vah vah" demesi üzüyor insanı. Allah kimsenin başına vermesin, onu yalnızca yaşayanlar bilir, gelecek için büyük sıkıntı. Başka birinin bana "Vah" demesi gelecekle ilgili kaygılarımı azaltmıyor, mesela okula gitmesi benim problemim, bunu çözemedikçe durum değişmiyor. Bu çevrede, "Şunun da şöyle bir derdi varmış" diyemiyorsunuz, varsa Allah yardımcısı olsun, çünkü yapacak bir şeyimiz yok.

Ben yapı gereği insanlardan bir şey istemem, bir şey verebileceğim insandan yardım istemeliyim. Ablam var, çocuğumuzun birkaç saatliğine bakılması gerektiyse ona söylerim veya bırakırım, bir komşudan yardım istemem. Sağlıkla ilgili zaten çocuğumuzda sorunlar vardı, bu hususta asla kaçınmam, her şeyi yaparım. Hacettepe'de bir profesör var ona özel muayeneye gidiyoruz. Yüzümüze karşı "Hiçbir zaman normal bir çocuğunuz olamayacak" dedi. Doğru olabilir, ama insan bir yere kadar kabul edebilir. Tabii onlar için bu önemli değil. Makine gibiler çünkü, sizin ne hissettiğinizi pek umursamıyorlar; ama diğer doktorlar bizi iyi yönlendirdiler. Bize daha farklı yaklaşmalarını beklemiyorum, çünkü onlar için biz bunları bilmesi gereken kişileriz.

BABA 4

Uzmanların teşhis aşamasında faydalarını gördük. Daha sonra Hacettepe'den B. hanımın tavsiyesiyle buraya geldik. M. hanımın düzenli olarak verdiği derslerin çok faydasını gördük. Bu derslerden sonra çocuğun konuşmaları, davranışları bir hayli düzeldi, saldırganlığı oldukça azaldı. Ayrıca, Hacettepe'de haftada bir götürdüğüm oyun terapisinin ve Ş. hanımın çok faydası oldu. Eskiden örneğin, A. oyuncaklarla pek ilgili değildi. Ş. hanım A.'ya oyun oynamayı ve oyuncakları sevdirdi. Bize uzmanların en büyük yardımları bunlar oldu. Çocuk biraz daha sosyal oldu. Örneğin artık A.'nın bir bahçe arkadaşı var. Önceleri A. daha içe dönüktü, televizyona takılır kalırdı. Ama şimdi oyuncaklarla ve arkadaşıyla oynuyor. Önceleri eve gelen çocuklarla pek diyaloğu yoktu. Kendi havasında oynardı, kendi ayrı dünyasındaydı; şimdi eve gelen çocuklarla aşırı ilgileniyor, beraber oyuncaklarıyla oynuyorlar. O konularda o iki uzmanın çok faydasını gördük biz. Tabir yerindeyse o insanların haklarını ödeyemem. Çünkü bu aşamalara geleceği hiç aklıma gelmezdi. İlk zamanlarda "Tamam bu çocuk böyle" diyordum, "Bu çocuk artık düzelmez" diye kabul etmiştim ki, çocuktaki gelişmeleri gördükten sonra "Bizim durumumuz bu, madem ilerleme kaydedebiliyoruz, umutsuzluğa kapılmanın âlemi yok" diye düşünmeye başladım. Çünkü çocuk bir şeyler alıyor ve aldığı sürece de vermek için kendimizden niye fedakârlık etmeyelim. O benim tek oğlum, hayattaki tek önemsediğim kişi o.

Özellikle konuşma konusunda M. hanımdan çok büyük destek gördük, bir de kreşten, kreş de çok etkili oldu konuşmasına. Orada devamlı çocuklarla konuştuğu için konuşması düzeldi. Bir yılı geçti biz buraya geleli, buraya getireli ve her hafta ilerleme gözlemledik. Önceden kuramadığı cümleleri kuruyor, söyleyemediği şeyleri söylüyor, yapamadığı şeyleri çok rahat yapıyor şimdi. Örneğin, sayılara karşı ilgisi artık azaldı, şimdi okumaya karşı aşırı ilgisi var...

Buranın da çok faydasını gördük. Buradaki ortam da önemli. Buraya geliyorsunuz güleryüzlü bir ortam. Güleryüzlü öğretmenler olsun, personel olsun, yöneticiler olsun... Buraya gelen insanların ruh haline göre oldukça iyi bir ortam bunlar.

Biz uzmanlardan büyük fayda gördük. Dediğim gibi hakları zor ödenir. Belki de biz gelecekte daha iyi durumlara getireceğiz A.'yı.

BABA 5

Üç çocuk büyüttük böyle bir şey görmedik, Hacettepe'den B. hanımın özel muayenehanesinden randevu aldık. Sonra Tıp Fakültesi'nden R. U.'ya götürdük, o da tahliller yaptı ve hiperaktif teşhisi konuldu. 3 yaşındaydı bu teşhis konulduğunda, şu anda 6 yaşında. Tetkikler yapıldı, kulak filmi çektirdik, "Acaba duymamazlık mı var?" diye, ama sakin durması mümkün değil, "Bayıltsak mı?" derken hanım doktora "Kola" deyin dedi, doktor da "Kola İ." deyince İ. dönüp baktı, isterse dönüp bakıyor. Kulağında bir şey yoktu, bir şey çıkmadı. Hastaneye götürdük, orada "Otistik" dediler "Okula verin" dediler, biz de verdik, daha önce bilgimiz yoktu bu okullarla ilgili.

Burada çocuğun öğretmeni M. bey, ondan çok memnunum, buranın da çok faydası oldu, hatta diyoruz "Tam gün kreşe mi versek?" diye, hem uyuması da düzelir belki, uyku sorunu da var çünkü. Gündüz uyursa gece 03.00'e kadar uyumuyor. Kreş konusunda örneğin, önce almak istemediler, M. bey "Gerekirse ben giderim" dedi, sonra iletişim sağlandı.

Etrafımızdan maddi bir destek almadık, manevi olarak işte komşular "Türbelere götürün" diye tavsiyelerde bulundular, ama ben inanmadım. Deseler ki "İzmir'de iyi bir okul varmış", ya da "İstanbul'da çok iyi bir okul varmış"; hemen götürürüm, gerekirse evi de taşırım oraya. Daha iyi yerler konusunda daha iyi bilgi almak isterdim. Komşular normal davranıyorlar; örneğin, alttaki komşu gürültü olmasına rağmen sağ olsun hiçbir şey yapmadı. Buradaki eğitim görevlilerinden de memnunum.

BABA 6

Çevremizden bir yardım göremiyoruz, bunu zaten sadece başına gelen bilir. "Bırakın bize" diyorlar ama ne derece yardımcı olabilirler. Çevremiz pek duyarlı değil, hatta bu konuda biraz bilinçsiz bile denilebilir. Çevre ne kadar götürebilir ki, biz bile altı senede zor öğrendik. Uzmanlar, hocalar manevi yönden hep yanımızdalar, anlayışlı ve özenliler, bizimle birlikte çalışıyorlar. Doktorlar da faydalı oldu, bizi yönlendirdiler, okul tavsiye ettiler. "Bu çocuğu şuraya götürün, orada daha çabuk yol alırsınız" diyenler oldu; kızdıkları da oldu. Zamanında olmaması, işlerin yoğun olması, maddi imkânsızlıklar büyük etken. Bu olayda öğretmen ve doktorların payı gözardı edilemez. Yeni bir rahatsızlık olmasına rağmen olumlu destekler aldık.

BABA 7

Bu durumda olan başka bir ailenin, zaten benim arkadaşım olan bu kişilerin çok büyük desteğini aldık, bu durum dolayısıyla daha sıkı, daha içli dışlı olduk. Anne baba birbirimizi daha iyi anlıyoruz. Onların sadece bize ve B.'ye değil, benim büyük oğluma da çok faydaları oldu. Bize bu okulu tavsiye edenler de onlar oldular.

Okul konusunda F. hanımın da yardımı oldu. Bu konuda bizim başdanışmanımız, her şeyimiz F. hanımdır. O ne derse biz onu yapmaya çalışıyoruz ki onun söylediği şeyler birebir çıkıyor. O, B. konusunda benden daha umutlu. Zaman zaman umutsuzluğa düştüğümde bana da hep destek olmuştur. Bu hanım gerçekten çok dirayetli bir insan ve bana da umut veriyor. Bize hâlâ faydası dokunur.

B.'nin teşhisini koyan, bizi yönlendiren kişidir F. hanım. Hep doğru şeyler verdi bize ve bizden de daha umutludur.

BABA 8

İlk doğduğunda doktor hanım bana "Bu çocuk yaşamaz, veya 5 gün yaşar" demişti, "Hiç umut beslemeyin ve hazırlıklı olun" dedi, ama biz inancımızı yitirmedik. Doğumdan sonra dört ay yoğun bakımda kaldı, ondan sonra Hacettepe'de üç ay yattı, daha sonra Başkent Hastanesi'nde. Bizi doktorlar yönlendiriyorlardı, "Başkent Hastanesi'ne gidin", "Göz Hastanesi'ne şu hocaya götürün" diyorlardı, biz gidip muayene oluyorduk, ayrıca özel muayenehanelere de gidiyorduk. Üç-dört hastaneye birden gidip geliyorduk, ama hastaneye gitmek tam bir çiledir. Günlerce haftalarca koşturuyorsunuz, ama bir arpa boyu yol almıyorsunuz. Hiçbir zaman tıbbi bir tanı konulmadı, "Otistik" denmedi ve belki onlar da bilmiyorlardı, yıllar yılı konulmadı teşhis... Belki onların da yapabilecekleri bir şey yoktu, ama biz de bir cevap bekliyorduk ve biz evde birtakım farklılıklar tespit etmeye başlamıştık. Bir şeyler olduğunu biliyorduk; ama ne olduğunu, ne tomografisine bakan Profesör ne de biz biliyorduk. Sonra "Fizik tedaviye gidin" dediler, Hacettepe'ye gittik orada da bir şey yapmadılar, sadece bize nasıl yapabileceğimizi gösterdiler. Tabii bilemiyorum bunun etkisiyle mi, yoksa gelişiminin etkisiyle mi ama çocuk yürüdü. Şu an gözünde ve kulağında kusur var, önceden hiç duymazdı, şimdi tek kulağı biraz duyabiliyor. 90 desibelin üzerindeki sesleri duyabiliyor ve biz de bağırarak konuşuyoruz. Sadece sesi algılıyor ve sese cevap veriyor, benim sesime daha çok tepki veriyor, bana daha çok işini yaptırıyor, anneden daha çok çekiniyor, bu da benim işime geliyor. Hastanelere gidip gelmeyi daha sonra kestik, kendimiz bir şeyler yapmaya çalıştık, çünkü bu çocuğu sevginin yaşatacağını biliyorduk, yoğun bakımda kuvözde yatarken elimize alıp sevmeye çalışıyorduk. Bize "Hangi yaştaysa onun yarısı olarak düşünün" dediler ve şu anda 8 ise biz onu 4 yaşında algılıyoruz ve bu daha iyi oluyor. 5 yıl özel eğitime göndermedik. Şu an 8 yaşında ve 2-3 yıldır özel eğitim alıyor. Bu sekiz yıl içinde uzmanların, özel eğitimin ve benim gözümde en büyük eğitici, annesi ve onun sayesinde ilerledi.

Çevreden desteğe gelince; biz B.'yi kimseye bırakamazdık ve hâlâ da bırakamayız. Onun neye ihtiyacı olduğunu ben ve annesi hissedebilir, bir yabancı bunu anlayamaz, o yüzden bırakamayız. Çevreden veya komşulardan bir destek alamadık, alamayız da, çünkü bu şekilde yardım alınacak bir çocuk değil B. Uzun süreli bizim yokluğumuzu hissederse huzursuz oluyor çünkü, kendisine ve çevreye zarar veriyor, ama evde bizimle normal, günlük hareketlerini yapıyor. Bunu denedik, kayınvalideye bıraktık, ama 15 dakika içinde geri dönmemiz gerekti hep. Toplumda bu tip çocuklara karşı pek olumlu davranışlar olmuyor, ona sokakta tamamen hâkim olamıyoruz, tepkilerle karşılaşıyoruz ve biz "Normal bir çocuk değil" deyince de anlayamıyorlar. Apartmanda kimse gürültüden şikâyetçi olmuyor, ama ben biliyorum "Çocuğuna bakmıyor," diyorlar, veya kızdıklarını biliyorum ama gelip bana söyleyemiyorlar. Toplum belki yeni yeni alışacak, mesela parkta garip bir mahlukata bakar gibi bakıyorlar ve o zaman sinirleniyorum işte. Bu çocuğun kendinden başka birine zarar verdiği yok çünkü, kimseye zararı yok, ama bunu anlamıyorlar. Tabii onları da doğal karşılamak lazım; çevrelerinde hiç görmemişler, bilmiyorlar ve doğal olarak tepki veriyorlar, belki görmüş olsalar veya kendi yakınlarından birinde böyle bir durum olsa –ki hiç kimsenin başına gelmesini istemem– o zaman kendi çocuğu gibi yakın davranacaklarına da inanıyorum. Artık herkes kopuk yaşıyor, diğer insanlarla ilgilenilmiyor, yardımlaşma falan yok herkes kendi derdinde. Akrabalardan olumsuz bir tepki yok, hatta B. bir şey kırsa bile hiç olmamış gibi davranıyorlar ve bu bizi anlatılamayacak derecede mutlu ediyor. Çünkü onlar da bu olayın en azından %10'unu yaşadılar ve yaşıyorlar da ve bu yüzden daha anlayışlılar. Yakın çevreden destek aldığınız zaman gerçekten mutluluk hissediyorsunuz, manevi yönden daha da olumlu oluyor, sevgi bile paylaşıldıkça güzel ve o yüzden bunu paylaşmak önemli bence. Ama maddi bir destek yok, ne çevreden ne de akrabalardan, hatta ben evlerine bile gitmeye çekiniyorum, para istemeye gittiğimizi sanacaklar sanıyorum, halbuki öyle bir şey yok. İnsanlar zaten kendi yağlarında kavrulmaya çalışıyorlar, o yüzden doğal bunlar, ben B.'den dolayı kimseye küskün ya da kırgın değilim.

Uzmanların söylediklerine ve okuduklarımıza göre eğer sert veya şiddetli tepki verirsek, –örneğin vurmak gibi– bu çocuğu geriye doğru götürürmüş, o yüzden sadece hafif bir şekilde poposuna vuruyorum. Ayrıca hocalar; "Gözlemleyin, tartın gün içinde, bakalım hareketlerini ne kadar dengeleyebiliyor" diye önerilerde bulundular ve biz de uygulamaya çalışıyoruz. Özellikle hiperaktivite konusunda... Hareketlerini dengeleyebildiğini görüyoruz, örneğin ağaçtaysa kendini sağlama almadan inmediğini ve buna benzer hareketleriyle zekâ düzeyinin çok da geri olmadığını görüyoruz. Bize söylenen her şeyi dört dörtlük yapamıyoruz tabii, ama yapmaya çalışıyoruz, artık hastaneye de gitmiyoruz, çünkü yapabilecekleri bir şey yok.

İleri düzeyde bir okul varsa, ben hep onu araştırıyorum, burada haftada 3 saat ders almasını yeterli görmüyorum. Günlük, sabahtan akşama kadar bir eğitim programı, veya yatılı gibi bir okul araştırmasına gidiyorum ve şu ana kadar Türkiye'de öyle bir okul bulamadım, olmasını isterdim. Buradaki eğitim süresi yeterli değil, ama anne evde çok daha fazlasını yapıyor ve ilgileniyor, zaten anne birinci derecede eğitmen ve doktor. Bunun dışında; ileride anne-baba öldükten sonra devletin sahip çıkması, tek düşündüğüm bu benim. Şu an hayatını devam ettirmesi için her şeyini sağlıyoruz, ama bizden sonra ne olur, büyük bir ihtimalle –ve inşallah– devlet sahip çıkar. Bu tür okulların çoğalması, hastalığın değil ama okulların artması kaliteyi yükseltir. Tabii ekonomik olarak güçlü bir ülke değil Türkiye, o yüzden bunu hemen beklemek adil olmaz belki de... Biz burada yaşıyoruz ve imkânlarımız doğrultusunda yaşamak zorundayız. Sakıp Sabancı'nın açtığı okullar örneğin, –çünkü kendi çocuğu da engelli– ben hâlâ "Ankara gibi bir yere neden böyle büyük merkezler açmıyorlar?" diye düşünüyorum ve yapılmasını çok isterim.

Eğitimin bu çocuklar üzerinde çok büyük etkisi var, B.'nin 3 yılda nereden nereye geldiğini biz, yaşayanlar biliyoruz, o yüzden kalitenin artırılmasını istiyoruz.

BABA 9

Adana'dan gelmemiz iyi oldu, orada kalmak yanlıştı çocuğun eğitimi açısından, Ankara'ya geldik. "142 tane okul var" dediler, seçme şansımız vardı, en iyilerini araştırdık, buraya getirdik, öğlene kadar da ilkokula gidiyor, öğleden sonra buraya geliyor ve üç saat ders alıyor, ama az yine de.

Hacettepe'yle ilgilendik, orada çocuğun raporunu hazırlayan B. hanım var, onlar bizi yönlendiriyorlar, tabii "Şuraya götüreceksiniz, şu okula götüreceksiniz" gibi... Yakınımızda ana sağlığı var orada B.'yi test ettiler, gene raporumuzu veriyorlar işte sağ olsunlar... "Şu konularda eğitim alması gerekiyor" diye bilgilendiriyorlar bizi, uzmanlardan aldığımız bunlar. Yeterli değil bu... Uzmanlar da araştırmalı "Okullarda nasıl bir eğitim veriliyor, bu eğitim yeterli mi?.." gibi konularda, bunu ben tespit ediyorum, uzman tespit etmiyor. Uzmanlar araştırsın, devletle irtibata geçsin istiyoruz.

Doktorlardan doğru bir teşhis koymalarını ve o teşhis üzerine uzmanlardan da eğitim aldırılmasını isterim. Aileye bunu tam anlatacaklar ki, ondan sonra aileyi o konuda uzmanlar eğitecek. Bizim çocuğumuz bir aydır eğitim alıyor gibi, çünkü dil sorunu yeni fark edildi, kulak burun boğaz doktoru diyemez miydi bize "Bunu konuşmasından dolayı bir odyoloji uzmanına götürün" diye. Ayrıca dilden eğitim alması gerekiyor, gene sürenin azlığına geliyor, alışmışlar üç saate, hangi okula gitsen üç saat...

Okulda M. bey var çok ilgileniyor, ilkokul öğretmenine dahi telefon açıyor, ondan çok memnunuz, okuldaki öğretmenlerden de memnunuz, ama ders sayısını artırsınlar isterim. Biz artıracağız kendi imkânlarımızla ama getirip götürmek zor oluyor, izin de vermiyorlar işyerinden. Devlet destekliyor ama destek olmak için çocuğuma yakın olmam lazım, iznim ne kadar dayanır ki buna harcasam. Eşime izin veriyor amiri, bana da izin versinler ben de götüreyim onu, öbürü annesiyse ben de babasıyım onun ve o süreyi gene alsınlar benden, fazla mesai versinler örneğin, fazla görev versinler, biz buna razıyız. Böyle sıkıntıları olan aile çoktur, devletin kurumundan memnunum ama bizimki tüzel kişilik, bizde yok. Benim de eğitim almam lazım, zaten oraya gidince ekrandan da izliyoruz.

Akşam saat 19.30'da eve geliyorum, halsizlik çöküyor, ilgilenemiyorum çocukla, eşimle de tartışıyoruz. "Sen çocukla ilgilenmiyorsun" diyor bana, halsizlik var üzerimde, insanın otururken uykusu geliyor yorgunluktan dolayı.

Kendi çevremde, ağabeylerim, ablalarım, baldızlarım, kayınlarım çok bağırlarına basarlar, çocukta öyle bir şey göremezler, öyle bir eksiklik görmüyorlar, "Yok bir şey bu çocukta" diyorlar, benim çocuğum otistik değil görüyorum çünkü, otistik olduğunu kabullenmiyorum, çünkü öyle bir hareketi yok çocuğun. Vururum, kırarım, elinden alamayız, hoplar zıplar değil; aksine çok ağırbaşlı bir çocuk, zaten otistik de demediler bize... Akrabalarımız bize "Boşuna düzeninizi bozdunuz, Ankara'ya gittiniz" diyorlar, "Normal çocuk gibi olur" diyorlar ama ben görüyorum, dört dörtlük bir çocuk olmaz.

Burada sadece bir baldızım var ama maddi olarak yardım yok. Çevreden herkes sever B.'yi manevi yardım da o... "Dışlamasınlar" diyoruz, onların çocuklarına da, "Siz bunu dışlarsanız diğer çocuklar dünden dışlar" diyoruz, ablasına da diyoruz, "Bu da topluma girsin, öğrensin; öğrenmesi senin menfaatinedir, bugün biz varız yarın yokuz", insanın ömrü bellidir, bu çocukla ablası hayatı devam ettirecek, neyimiz var neyimiz yoksa onlar sahip olacak. Ablasına; "B.'yi sen dışlayamazsın, atamazsın" diyoruz. Biz bu hayatta iken yanımızda hayatı mükemmel olur, ama biz öldükten sonra ne olacak? Onun için de her şeyi kabullendirmeye çalışıyoruz kendi çocuğumuza ve etraftakilere. Zaten her şeyi ablasından bekliyoruz, dayımın çocuğu, kuzen veya diğerlerinden bir şey beklemiyoruz, insanoğlu yapmayabilir de yapabilir de, ama en önemlisi ablası. Belki birileri acır yardımları olabilir de ablası kadar değil, annesi babası kadar değil.

Komşular da sever onu, o da onları sever, hemen gider yanlarına anahtarları varsa alır, ama biz B.'yi alıp komşulara gidemeyiz, dışarda görüşürüz onlarla, çünkü korkuyoruz bir şeylerini kırar diye, bağırtmak istemiyoruz veya biz de bağırıp çağırmak istemiyoruz. Ama pikniğe gideceksek komşularla beraber gider, geliriz. Evimize gelirlerse zaten B. evde, ama biz B. ile beraber gitmeyiz, onun huzuru bozulmasın diye. Yeri geliyor bağırıyoruz da, her zaman el üzerinde değil, bazen şöyle bir vuruyoruz da, yapmak istediğinden vazgeçiriyoruz, çocuktur, her çocukta olur öyle inatlaşmalar, B. de 3 yaş geriden takip ederse şu an 5 yaşında.

BABA 10

Bize çevreden daha çok psikolojik destek geliyor. Özellikle gittiği okuldaki öğretmenleri ve yönetici arkadaşlar destek oluyorlar. Bizim karamsarlığa kapılmamamız konusunda destekler veriyorlar. Fakat bu desteği verince çocuk düzeliyor mu; hayır düzelmiyor. Etrafımızdakilere bakarsak, onların da destekleri, telkin yönünde, "Bunların olabileceği, her insanın karşılaşabileceği" yönünde. Yılda bir rapor yenilemek için çocuk psikiyatrisine gidiyoruz, onlardan destek alıyoruz. Herkes konuyu bilmediği için destek de veremiyor. Desteği genellikle İ.'yle birebir ilgilenen uzmanlardan alıyoruz. Onlar gelişmeleri birebir görebildiği için, İ. bir şey öğrense hemen fark ediyorlar. Geliştiğini söylüyorlar, biz de mutlu oluyoruz. Toplumdan gerekli desteğin verildiğini düşünmüyorum. Çalıştığımız çevremizde ve sosyal alanda da bu böyle. Örneğin çalıştığım yerde, tayinimin çıkmasıyla çocuğumun eğitimi sekteye uğrayacak, bu konuda daha çok desteklenmek isterdim. Sonuçta benim yerime gelen kişi de benimle aynı işi yapacak!

Maddi yönden bir şey beklemiyorum, zaten devlet parasını veriyor. Ama psikolojik destek istiyoruz. Örneğin babaları toplayıp yılda bir kez psikiyatrik moral desteği verilebilir. Yılda bir kez biz anne babalara grup olarak terapi verilebilir, buna ihtiyaç duyuyoruz. İnsan, moralini her zaman yüksek tutamıyor. Anne babalarımız da "Olur böyle şeyler" diyerek kendilerince telkin etmeye çalışıyorlar ama....

Ankara'da yakın bir akrabam var, biz bir yere giderken İ.'yi ona bırakıyoruz. Zaten pek bir yere gitmiyoruz, dışarı çıkarken de onu da birlikte götürüyoruz.

BABA 11

Kendi aile ve yakınlarımız, O.'yu şu haliyle, onu O. olduğu için sevip bağırlarına basıyorlar. Yakın aile çevremizden hiç kimse O.'ya farklı davranmadı. Çok seviyorlar. Çevremizde, "Bu deli mi?", "Neden böyle bir çocuk?", "Okula deli kaydolmuş" gibi çok soru ve sorunlarla karşılaştık. Okulda bazı velilerin çocuklarına "Aman oğlum o delinin yanına fazla yaklaşma" dediği yönünde tepkiler de aldık. Fakat O.'yu ve bizi tanıdıktan sonra gelip özür dileyen veliler ve otizmin ne olduğunu öğrenmek isteyenler oldu. Arkadaşlarımızdan büyük bir kısmı bize gelip gitmekten çekinmediler. Fakat bir kısmı da bizimle beraber olmak istemedi, bu onların tercihidir ve beraber olmadık da. Ama O.'yu mutsuz edecek hiçbir ortamda bulunmamaya özen gösteriyoruz. O. mutsuz olduğu an bütün ev mutsuz oluyor çünkü ve bizim ilk tercihimiz her zaman O. oldu. Bunun dışında çevremizden çok destek aldık, örneğin, F. hanım bize çok büyük destek verdi, A. beyin "O. babayiğit adam, otizm bile korkmuş yalamış geçmiş" sözcükleri, çocuk aile ruh gelişim ev ekonomisindeki hanımlar, O.'nun gittiği yuvadaki çocuk gelişim uzmanı, kreşin sahibi hanımlar bize çok destek verdiler. Ben hep şöyle derim: "O. şanslı bir çocuk, ama şansını hep kendisi yaratmış, gittiği yerde kendini sevdirmiş, sevilmiş, sevmiş ve her şeyde 'hep çakışmış' derler ya 'tam yerini bulmuş' ". Biz hiç yanlış biriyle karşılaşmadık şu ana kadar, hep doğruyla karşılaştık.

Ben çok şanslıyım O. gibi bir çocuğum olduğu için... Sabır çok önemli, ben artık "O. böyle bir çocuk" diye hayıflanmıyorum, O. gibi nitelikli, kaliteli, özellikli bir çocuğum olduğu için şanslıyım. O. bizi eğitiyor; anneyi, babayı, ağabeyi, akrabaları eğitiyor. O. artık kendi sorunlarını kendisi bizsiz de çözmeye ve aşmaya başladı...

BÖLÜM 5

SİZ BENZER DURUMDAKİ ANNE BABALARA NASIL BİR YARDIM YAPTINIZ? NASIL VE NE YÖNDE YARDIM ALMAK İSTERSİNİZ?(*)

(*) Baba 2 bu soruyu yanıtlamak istememiştir.

BABA 1

Başka bir aileye hiçbir yardımda bulunmadım gibi bir şey, çok ufak şeyler. Burada (okulda) dertleşme niteliğinde... Ben olayın bir de mevzuat yönünü incelemeye çalıştım. Türkiye'de sağlık yardımından yalnızca devlet memurları faydalanabiliyor.

Buradaki (okuldaki) anne babalardan değil de, çocuğu normal olan anne babalardan bir şeyler beklerdim. En kötü durumda olan çocuk dahi olsa eğitim görmesini isterim. Gözleri görmese, tek bacağı olmasa bile herkesin aynı sınıfta eğitim görmesini isterim. Toplumun o seviyeye gelebilmesini isterim.

Aileler arasında dayanışma konusunda bir şey söyleyemiyorum. Çok kısıtlı bir alan... Hafta sonları bir araya gelebiliriz, ama benim de vaktim çok kısıtlı...

BABA 3

İnsanlardan uzak durmayı tercih ederim, muhabbet ederim ama evine gittiğim insanların sayısı sınırlıdır, ama konuştuğum insan çoktur. Otistik çocukların aileleriyle de görüşmüyoruz, sıkıntılı haberlere gelemiyorum ben, hastanede olan yakınlarıma bile gidemem. Mümkün olduğunca uzak duruyorum. Zaten hayatım neşe içinde geçmiyor, keder içindeyim. Belki bencilce ama, acıyı kimse paylaşmak istemez. Ne kadar ne faydası olacaktır ki... Hüzünlü insanların, hüzünlü insanlarla yan yana gelmesi manasız, bu yüzden onlarla da (otistik çocuklu ailelerle) bir araya gelmek anlamsız. Ancak "Seninki de benimkinden kötüymüş" diye avunulabilir.

Allah kimsenin başına vermesin, onu yalnızca yaşayan bilir, gelecek için büyük sıkıntı. Başka birinin bana "Vah" demesi gelecekle ilgili kaygıları azaltmıyor. Bu çevrede, "Şunun da şöyle bir derdi varmış" diyemiyorsunuz, varsa Allah yardımcısı olsun, çünkü yapacak bir şeyimiz yok.

BABA 4

Çok değer verdiğim bir arkadaşımın çocuğunun otistik olduğundan şüphe ediyorum. Geçen gün görüştük, yine söyleyemedim. Ama söyleyeceğim. Bir akşam ziyaretine gideceğim. Çünkü onlar benim için önemli insanlar... Hâlâ onun çocuğunu düşünüyorum. Çocuğun hareketlerine bakıyorum, davranışlarına bakıyorum... "Acaba ona da aynı teşhisi mi koyarlar?" diye düşünüyorum. Her çocuğu inceliyorum bu olaydan sonra, kimin çocuğuyla karşılaşsam veya bir aileye gitsem onların hareketlerini A.'nın hareketleriyle kıyaslıyorum. O akşam bir türlü söyleyemedim o arkadaşıma "Şuraya gidin, böyle bir şey olabilir" diyemedim.

Başka bir akrabamızın çocuğunu duymuştum. Belki bir yardım olarak değil ama yönlendirmek için, "Hacettepe'ye, ruh sağlığı polikliniğine götürsünler" dedim. Ama takip edemedim, götürdüler mi bilmiyorum. Çünkü çekiniyorum, bir çocuğa "Farklı" denmesi üzer insanı, bunlar insanda hoş duygular bırakmıyor.

Toplumumuzun yapısı belli. Toplumumuz bu konuda çok bilgili olmadığı için, biz çok belli etmemeye çalışıyoruz. Bu tip insanlara "Deli" etiketi yapıştırıyorlar. Bunun için biz çevremize çok belli etmedik. "Konuşmada zorluk var, onu düzeltecek" ya da "Biraz sinirli" dedik hep. Ben oyun terapisine götürmek için A.'yı aldığımda "Doktorda randevusu var" diyorum ve o şekilde alıyorum. Üzücü şeyler yaşamak istemiyorum çünkü, ben bazı ilerlemeleri elde ederken, çocuğun ruh sağlığını etkileyecek veya genel durumunu kötü yönde etkileyecek bir şey yaşamak istemiyorum. Onun için de tedbirli davranmaya çalışıyorum.

Dolayısıyla bu şekilde gördüğünüz diğer ailelere herhangi bir öneride bulunamıyorsunuz. Ama bu bahsettiğim arkadaşıma gerekirse bazı kılıflar uydurarak yardımcı olacağım.

Ben çevremden çok bir şey beklemiyorum. Zaten insanlarla çok sık diyaloğa giren biri değilim. İş icabı sabah çıkıp akşam geliyorum, akrabalarıma bile çok sık giden biri değilim... Beklediğimiz desteği zaten halası dediğimiz dayımın kızından görüyoruz biz. O A.'ya aşırı ilgi gösteriyor, A. onun yanındayken bizi bile unutabiliyor. O yönden bir şikâyetimiz yok...

Benim beklediğim, insanların biraz daha hoşgörülü olması. Örneğin kreşte bazen saldırgan olduğunu ve A.'ya ceza uygulandığını duydum. Duymak bile istemediğim şeyler bunlar. Biraz daha anlayışlı davranılmasını istiyor insan. Bu çocuk her ne kadar normal çocuklarla beraber olup, aynı şartlarda dursa da, ruh hali ya da yapı itibariyle farklı, bunun için biraz daha tolerans bekliyor insan. Ne bileyim biraz daha hoşgörülü olabilirler örneğin. Bu çocukların umulmadık yerde umulmadık şeyler yapma veya tepkiler verme ihtimali olduğundan biraz daha anlayış bekliyoruz. Çevremizden bekleyebileceklerimiz bunlar. Bunun dışında aşırı bir beklentim yok.

BABA 5

Etrafımızda böyle birileri yok ama olursa söyleriz, "Biz şu doktora gittik, şöyle oldu" diye anlatırız. Örneğin, memlekete gitmiştim, kayınpederin köyünde 7 yaşında bir çocuk 7 sene konuşmamış, doktor yok, ne eğitim ne öğretim var. Ben "Gerekirse getirin Ankara'ya Hacettepe'ye götürelim, beyin filmi çektirelim" dedim, ama maddi durum olmayınca nasıl getirecekler.

BABA 6

Çocuklarında bu tip rahatsızlığı olup da habersiz olan ya da hastalığı kabul etmek istemeyen ailelere söylüyorum, yönlendiriyorum. Sokakta dahi karşılaşsam bu konu üzerine konuşurum, genelde buraya gelen bayanlar çok iyi bu konuda. Biz (babalar) sayı olarak azız, birbirimize onlar (anneler) kadar destek olamıyoruz. Dışarda görüşemiyoruz, dertleşme diye bir şeyimiz yok. Erkekler arasında bağlar kopuk. Farkında olmadan yaptığımız yardımlar da olabilir, örneğin vergi indiriminden söz ettim, bilmiyorlardı. Bence en büyük yardım birbirimize moral ve pozitif enerji verebilmek. Bazen sadece konuşmak bile rahatlatabilir insanı. Bizim çocuklarımızda en ufak bir ilerleme, bizim için en büyük mutluluk.

Uzak çevre değil, yakın çevremizde bile, maddi değil manevi açıdan bile destek göremiyoruz. Bu bizden kaynaklanmış da olabilir. Dilimiz döndüğünce, bildiğimiz kadarıyla anlatıyoruz onlara. Gönül istiyor ki ben çok sıkıştığımda ağabeyim, babam, annem "Yavrum bugün ben götürürüm çocuğu" desin. Bilgi eksikliği çok büyük, örneğin; toplu halde, ailecek seminerler düzenlense ne güzel olur. Bu seminerlere en azından aileden bir kişi gitse diğerlerini de aydınlatabilir. Bu konuda ayrıca öğretici programlar da olsun isterdim.

BABA 7

Bu durumda olan başka bir aile çocuklarına müzik eğitimi aldırmak istemiş ve F. hanım beni önermiş. Geldiler tanıştık. Bu çocuk B.'den iki yaş büyük ve farklı bir çocuk. Birtakım ısınma hareketleriyle başladık, ama ben ders vermediğimi belirttim ilk önce. O çocuk benden bir şeyler alır ve ben de ondan bir şeyler alırım. Çocuğun davranışlarına katkıda bulunabilmek için müzikle birleştirdim ben ve birtakım el hareketleri, el çırpmalar, dönmeler gibi hareketler yaptık. Yapmaya da devam ediyoruz. Bu konuda bir paylaşımımız da bu aileyle oldu.

Ne yönde yardım almak isterdik; toplum konusu çok zor ama devletten beklentilerim olabilir, özellikle eğitim konusunda, fakat pek umutlu değilim bu konuda, çünkü devlet birçok konuda olduğu gibi dalları birer birer kesmeye başladı bile bana kalırsa. Yeni birtakım kısıntılar geldi biliyorsunuz. Özellikle sağlık konusunda yapılmaması gereken şeyler yapıldı.

Benim kendi beklentim; –sanatçıydım biliyorsunuz– sanat adına pek fazla bir beklentim kalmadı. Benim, çocuğum için beklentilerim var. Bizler, anne baba sağ olduğu sürece onun bütün ihtiyaçlarını giderebilmek için, ekonomik durumumun iyi olmasını beklerdim. Ancak öyle bir durumum yok, maaşlarımız dışında hiçbir gelirimiz yok, ya biz ileride bunu karşılayamazsak, ya boyutları değişirse, ne yaparız? İkimizden birine bir şey olursa ya da ikimize birden bir şey olursa, B. ne olacak? B.'ye bakacak hiçbir kimse yok. B. için daha iyi bir gelecek sağlayabilmek isterdim ben. Şu anda birtakım ihtiyaçlarını sağlayabiliyorum, ama inanın çok zor durumlarda kalarak.

Çevremden, en azından benim onlar için yaptıklarımı yapmalarını beklerdim. Bunun dışında bir şey yok...

BABA 8

Hatırlayabildiğim kadarıyla bizim gibi birileri kendi çevremizde var, ama tamamen kopuk durumdayız, akrabamız değil. Birkaç bina ilerimizde bir çocuk var, Down Sendromlu, zekâ yönünden ileri seviyede değil, çocuğu ve babasını tanıyorum ama dertlerimizi paylaşmak şeklinde bir bağımız yok, zaten bildiğim kadarıyla okula da gitmiyor. Ancak kendimize yetişebiliyoruz biz. Aslında iyi olurdu, ama yapamıyoruz. Bu tür çocukların aileleriyle okulda görüşüyoruz ve çocukların günlük yaşantılarıyla ilgili bilgi alışverişinde bulunuyoruz, o yüzden burası bizim için daha ön planda. Bunun dışında da çevremizde pek görüşmüyoruz bu tür ailelerle.

BABA 9

Benzer durumda aileler pek yok etrafımızda... Geçen günlerde hanımım böyle bir aileye telefonla, biz hangi okullara gönderdik, hangi doktorlara götürdük vb. konularda bilgi verdi ve bazı tavsiyelerde bulundu. Eğer etrafımda böyle birileri olsaydı, manevi yönde destek olurdum.

BABA 10

Başka bir aileye destek olma durumuyla şimdiye dek karşılaşmadım. Ama üzüntü duyduğum durumlar oluyor. Dolmuşta giderken "Çocuğunuzu niye bağırtıyorsunuz, susturun" diye tepki veren vatandaşlar oluyormuş. Ben böyle bir durumla karşılaşmadım, ama şahit olsaydım ilk tepki veren ben olurdum. Desteğimiz bu yönde olabilir. Bize destekler genellikle manevi yönde olsun istiyoruz. Biz bir ayrıcalık istemiyoruz. Sadece bir özürlü babası olduğumuz bilinsin, göz önüne alınsın istiyoruz. Genelde toplum içerisinde özürlü görünce "Ah, vah" edinilip durulur. Bunlara ne derece ilgi gösterilir? Gösterilmez. Yalnız acınır...

Otobüste birisi kalkıp kızdığı zaman, veliye ihtiyaç kalmadan, ben başka bir vatandaşın "O çocuk özürlü, bu şekilde konuşmayın" diye bizi savunmasını isterdim. Biz toplum içinde yadırganıyoruz, küçümseniyoruz. Küçümsenmeyelim isterdim, destek bu şekilde verilsin isterdim. Hor görülmeyelim, acımasınlar bizlere... Biz kendi hayatımızı devam ettiriyoruz zaten, ille de destek istemiyoruz. Hor görülmesin yeter.

Devlet bizi bu alandaki gelişmelerden haberdar etsin isterdim. İlk hastaneye gittiğimde aklıma ne gelirse sordum. "Tedavisi var mı?", "Düzelme olur mu?" O zamanlar umutluydum. Uzmanlardan sorularımıza cevaplar aldık.

Bizim bakış açımız çocukları normal olan ailelerin bakış açılarından farklı. Biz toplumu bildiğimiz için sıkıntıları da biliyoruz. Böyle bir çocuğun ihtiyaçlarının karşılanması kolay değil, çok büyük çabalar sarf ediliyor. Bunları bilmeyen diğer aileler, toplum içerisinde, çocuklarımız yanımızda iken, onların yaptıklarını, normal dışı hareketleri görünce tepki veriyorlar. Yüksek sesli bağırmaları vb. anlamayıp "Susturun!" diyorlar, halbuki bunu anlamalarını beklerdim. Yarın, öbür gün bir özürlü anne babası gelse de "Bir işim var, şu çocuğa biraz bakın" dese başımın üstünde yeri var, yardımcı olurum.

BABA 11

Geçen gün, bakıcı kadın olduğunu sonradan anladığımız bir hanım, buradan çıkarken çocuğa öyle bir vurdu ki ben "Bu çocuk böyle dayak yiyecekse, buraya, eğitime getirmeye gerek yok" dedim. Okula, hemen ailesine haber verilmesi için başvuruda bulundum, çünkü bu çocukta saldırganlığa sebep oluyor. Bu konuda anneyle iletişime geçip, olmaması gerektiği konusunda bilgi verip, gerekirse kanuni yollara başvuracağımı belirttim.

Başka bir anneye, –burada karşılaştığım– psikolojik olarak yardımlarda bulunup onları "Olabilenlere" yönlendirdim. Özellikle çocuğunu hangi okula vereceği sıkıntısıyla karşı karşıya olan ailelere "Öncelikle çocuğun mutluluğu önemlidir" mesajını vermeye çalışıyorum. O.'nun bu hale gelmesi için neler yaptığımızı soran anneler babalar oluyor ve onlara birtakım bilgiler vermeye çalışıyorum. Özellikle çocuğun dışlanmaması konusunda yardımcı olmaya çalışıyorum.

Her zaman şunu söylerim: "O. doğmadan önce, bizim ailemizde hiçbir amaç yokmuş, o zamanlar akşam eve gidiyordum, kitap dergi gazete okuyordum, sabah kalkıp okula gidiyorduk, ama O. doğduktan sonra çok hareketli, altın bir kapasiteyle bizi harekete geçirdi". Onun için biz O.'ya çok şey borçluyuz. O.'yla hayat bize büyük keyif veriyor. Büyük oğlum zor büyüyen bir çocuktu, çok huysuzdu. O.'da biz zorlandık ama, şimdi yavaş yavaş tüm aile bu işin keyfini ve tadını çıkarıyoruz ve çıkartacağız da öyle tahmin ediyorum. Ama herkes bizim kadar şanslı olmayabiliyor, onu da gözardı etmemek gerekiyor.

Çevrenizden ne beklerseniz bekleyin, direksiyonun başındaki sizsiniz. Yol kötü olabilir, çakıl taşlar olabilir, ama bu arabayı siz yola çıkarıp ulaşmak istediğiniz yere siz götüreceksiniz.

Eğitim konusunda beklentilerim var. Bu konuda çok iyi eğitim veren kişiler getirilebilir. Mesela bir akrabamız,

"Avrupa'da olsa hiç eğitim sorunu yaşamazsınız" dedi... Ben niye Türkiye'de eğitim konusunda sıkıntı çekiyorum! Çünkü Türkiye'deki eğitim belli kalıplar içerisinde ve o kalıpların dışında olması mümkün değil. Eğitimciler olarak hep dar kalıplar içerisindeyiz. Benim beklediklerim bu çocuklar için iyi eğitim koşulları hazırlanması ve çok iyi eğitilmeleri. Hiç kimseye bağlı olmadan yaşamlarına devam ettirme güvenceleri verilmesini istiyorum ve Türkiye bunu karşılayacak güçte.

Benim sürekli, iki yıldır kafamı meşgul eden bir konu ve bu konuda uzmanlarla görüşüyorum. Gelecek kaygısı yaşamaya başladım, çocuğumun geleceğini göremiyorum ki ben; çünkü bu ülkede her şeyin eğitimi veriliyor, eğitim için her şey yapılıyor ama özürlü çocuklar için ve özürlü çocukların aileleri için hiçbir şey yapılmıyor. Yapılıyor gözüküyor ama hep yüzeysel. Bu çocukların eğitimi ortaokuldan sonra bir kesintiye uğrarsa, bugüne kadar yapılan her şey boşa gitmiş olur. O. "Ben doktor olacağım" diyor, olabilir veya olamaz, ama "Olacağım ben" diyor, şimdi ortaokul bitecek, lise başlayacak, hangi okula vereceğim ben bunu; buna kimse yanıt veremiyor.

Şunu gözlemliyorum ki okullarda çocuklara öğretilenler hep teorik, pratik çok az, örneğin; her konuda eğitimciler çıkıyor bilgi veriyor. Otizm ve bunun gibi konularda, velilere, öğretmenlere, eğitmenlere, halka bu konudaki uzman kişiler tarafından bilgi verilmeli, bu konularda da toplum aydınlatılmalı.

Biz bugün buralara kadar geldiysek bu, uzmanların yardımıyla, O. bu duruma geldiyse, bizim hep doğru kişilerle karşılaştığımız ortaya çıkıyor. Şimdiye kadar olumlu destekler aldık, almadığımız kesimleri de biz tercih etmedik.

BÖLÜM 6

GÖRÜŞMELERDEN SONRA NELER HİSSETTİNİZ?(*)

(*) Baba 2 bu soruyu yanıtlamak istememiştir.

BABA 1

Tabii sizin gibi akademik insanların bu konuyla ilgilenmeleri çok güzel. Ben toplanan bilgilerin diğer anne babalara faydası olacağını düşünüyorum. Bizim de üzerimize düşen ne ise, bu konuda onu yapmaya hazırız. Bu anlamda iyi bir iş yaptığınızı düşünüyorum.

BABA 3

Dünyanın koşuşturması arasında, insan bazı şeyleri unutabiliyor. "Ne hissediyoruz? Ne oldu? Ne bitti?" anlayamıyorsunuz, bu konuşmalar beni rahatlattı. Bunları –dediğim gibi– çok kişiyle paylaşamıyorsunuz, hem "Karşıdaki sıkılır" diye, hem de "Konuşunca neyi halledebileceksiniz" diye düşünüyorsunuz. Ben size çok teşekkür ederim, beni sabırla dinlediğiniz için, konuşmak çok rahatlatıcı oldu. En azından bizimle ilgilenildiği ortaya çıkıyor. Kimse bizim yaşadıklarımızı yaşamaz inşallah ve bu söylediklerim birilerinin işine yararsa çok mutlu olacağım.

BABA 4

Toplumda otizmi bilen belki de yüzde birler ya da yüzde ikilerdeyiz. Eşime "Bayanlarla ilgili bir çalışma yapılmış, bir kitap yayınlanmış; belki erkeklerle ilgili de yayınlanır, bu böyle böyle geliştikçe biz bilinçleneceğiz" dedim. Belki bir zaman gelecek, biz bir doktora götürüp teşhis konmadan önce "Benim çocuğumun durumu bu, otistik veya başka bir şey" diyebileceğiz. Gelişen dünya... Eğitim süreci devam ediyor. İnsanların eğitim seviyesi devamlı yükseliyor. Bunlar da genel eğitime girdikçe, insanlar öğrendikçe erken teşhis olayı olacak. Böylece erken teşhis ve tedaviye yönelindiği zaman daha olumlu sonuçlar alınacağını tahmin ediyorum.

Ben bu görüşmelerden çok memnun oldum. Çünkü, ileride bu konuda sorunu olan insanlara, bizlerin de yardımı dokunursa çok sevinirim.

F. hanımın o günkü konuşmaları beni çok etkiledi. Belki otizmle ilgili çok belirli şeyler konuşmadı ama "Biz bu olayı öğretmeye çalışıyoruz" gibi net tavırları etkileyiciydi. Bence böyle insanlar oldukça, bu olay çevreden, insanlar tarafından daha çok öğrenilecek. Toplum bilinçlenecek. "Ne kadar çabuk öğrenilirse, çözümü o kadar kolay olur" diye düşünüyorum. Bu çalışmanız benim çok hoşuma gitti. Biz yaşadık, umut ederiz ki kimse yaşamasın. Ama oluyor bu, yaşanıyor, hayatın bir gerçeği. Ama ne kadar erken çözüm bulunursa veya çözüme yönelik çabalar artarsa, o kadar iyi olur diye düşünüyorum.

BABA 5

Bu görüşmelerimiz çok iyi oldu büyük bir başarıdır, size çok teşekkür ederiz, bizi hep aydınlattınız. Burada konuşurken iyi hissettik, paylaşmak rahatlattı.

BABA 6

Bu zamana kadar birisi benimle ilk kez konuştu. Konuşmamız bize büyük destek; bize birilerinin destek çıktığını gördüğümüzde rahatlıyoruz. Bence burası en şanslı okul ve biz de en şanslı velileriz. Kendimi hiç anlatmıyordum, ilk kez anlattım, rahatlamış hissediyorum.

BABA 7

O zamandan bu zamana pek fazla bir şey değiştiğini söyleyemem ama şu var, ben biriyle bir şeyleri paylaşmayı seven bir insanım. Sizinle konuşunca ben rahatlıyorum. Üç görüşmemiz oldu, buradan her çıktığımda kendimi daha rahat hissettim. Aslında benim bir psikoloğa ihtiyacım var galiba. Genel olarak baktığımız zaman, hayatımda çok fazla bir şey değişmedi, ama benim için çok faydası oldu. En azından her konuşmamızdan sonra daha rahat hissettim kendimi, konuştukça rahatladığımı hissettim.

BABA 8

İnsanların bir şeyleri paylaşması gerekiyor tabii, insanın bazı şeyleri kendi başına halletmesi zor oluyor, uzmanlardan yardım alınması gerekiyor. Bizler gibi ailelerin psikolojik desteğe ihtiyacı var ve alması gerekiyor ama biz şimdiye kadar bundan hep uzak durduk, hep kendimizi kandırdık. Zaman olmuyor veya yaratamıyorsun, çekingenlik ağır basıyor ve utangaçlık tabii, karşı taraftan da istek gelmediği için böyle bir ortam doğmadı. Belki bu tip çocuklara ve ailelere eğitmen olacaksınız, buna bir nebze olsun katkıda bulunmak için geldim.

BABA 9

İnşallah diyorum, bu kitabı yazdığınızda böyle bunu yaşamamış kişiler alır da okurlar, öyle bir kitap yazın ki okusunlar. Kendi açımdan da duygulandım, B. aklımızda devamlı, B.'ye nasıl bir faydamız olur, ancak yazarak toplumu bilgilendirebiliriz, onları sevmek lazım, onları severken onlara yardımcı olan kişilere de yardımcı olmak lazım. Kimdir bunlar, anne-baba. Bir sevinç oluyor benim içimde, çünkü toplumu değiştirecek gibi görüyorum, anlatmak lazım böyle kitaplarla.

BABA 10

Çok az sayıda görüşme yapmamıza rağmen görüşmeler benim için iyi oldu, konuşmak iyi geldi. Ben zaten hep söylüyorum. Özürlü anne babalarının devlet tarafından bir araya getirilip, yılda bir kez terapi görmeleri gerekir. Buna kesinlikle ihtiyaç duyuyoruz. Buna ihtiyaç duymayan aile, vurdumduymazdır bence. Bu görüşmelerde konuşarak beklentilerimizi dile getirmiş olduk. Ayrıca bir rahatlama oldu benim için.

BABA 11

Türkiye'de artık özürlü bireyler için de bir şeyler yapılmaya başlandığını ve çok bilimsel bir şekilde yaklaşıldığını zaten biliyorduk, fakat bu tür şeylerde hep anne ve özürlü çocuk vardır ve ben hep karşı çıkardım. Hep karşı çıkmışımdır da. Bu anne o çocuğu tek başına yapmamıştır. Mutlaka bir babası vardır, peki niçin baba bu programa dahil değil? Ve niçin babalar hep devre dışı bırakılmıştır? Babaların kendisi mi bunu istiyor? Hayır!.. Zorlayacaksınız efendim. Ve ben bunu uzun zamandan beri telafuz etmişimdir. Böyle bir çalışmayı duyduğumuzda İ. hanım bana "H. bey sanırım sesinizi birileri duydu", "Böyle bir çalışması var ODTÜ'nün" dedi.

Babalar sevgisini, ilgisini, özlemini, üzüntülerini sözlü olarak belki dile getiremeyebilirler. Mutlaka içlerinde çok büyük fırtınalar kopuyordur, dile getiremeseler bile. Ben şanslıyım, zor da olsa dile getirebiliyorum. Babalar sert gözükür, uzlaşılmaz, yaklaşılmaz, erişilmez gözükür, halbuki babalar hiç de öyle değildir. Onların o suskunluğunda, içe atmalarında çok daha farklı bir sevgi, çok daha farklı duygular yüklüdür. Ama bu işten başarıya ulaşılmak isteniyorsa, aile bir bütündür, baba da ailenin bir parçasıdır, babanın mutlaka desteği alınmalıdır. Babasız bu işler yarım kalır. Biz O.'daki başarımızı tüm ailenin çabasına borçluyuz. Taşın altına elimizi hep beraber koyduk ve sonunda taşı kaldırdık. Onun için babalar çok önemlidir. Fakat babaları geri plana iten, annenin verimli, annenin açık, annenin sosyal olmasıdır. Anneler birtakım sorumlulukları üstlenince babalar kendilerini geriye çekiyorlar. Ben bazen karşılaşıyorum, anneler çocuğu okula getiriyor, bekliyor, her türlü ihtiyaçlarını karşılıyor. Peki baba nerede? Ben burada anneleri de eleştiriyorum. Beylere de görevler verin, beraber yola çıkın. Niçin beyleri bu işte ikinci plana atıyorsunuz? Bu konuda sadece anne baba değil, ailede kim varsa bu çabaya katılmalıdır. Eskiden büyük oğlum kardeşinden utanırdı. Ama şimdi yanından ayırmak istemiyor.

BÖLÜM 7

YENİ BİR YILDA ÇOCUĞUNUZLA VE KENDİNİZLE İLGİLİ GERÇEKLEŞTİRMEK İSTEDİKLERİNİZ(*)

(*) Baba 2 ve baba 3 bu soruyu yanıtlamak istememişlerdir.

BABA 1

İyileşirse normal bir okula devam etmesini istiyoruz. İyileşmezse otistik çocuklar için bir okul var, oraya katılmak isteriz. O da olmazsa yaşam boyu tek başına eğitimini üstlenmeyi düşünüyoruz. O zaman emekli olmayı isterim, hanım da herhalde emekli olmak ister. Yapacak fazla bir şey yok, imkânlar çok kısıtlı ülkemizde...

Zaman içinde hastalığın etkilerinin ortadan kalkması, hafiflemesi konusunda beklentilerimiz var. Öncelikle konuşması, cihazla ya da kendi başına. Okul yaşamından uzak kalırsa; parklarda, bahçelerde bir yaşam ya da büyük şehri terk ederek, köylerde toplumdan uzak bir yaşam sürebiliriz. 3-5 yıl daha bu okuldan faydalanırız, ya sonrası?... Sonrası karanlık, tam bir karanlık.... Toplum da o kadar gelişmiş değil. İnsanın yaşamını kapkara hale getirecek bir belirsizlik var bu konuda. Bu çocukların sokağa düşmemesi için bir merkez oluşturulması, o merkeze alınarak yaşamını orada sürdürmesi gibi şeyler var, ama bunların hiçbiri burada yok maalesef...

Benim, kendi adıma hayattan hiçbir beklentim yok, tüm beklentilerim çocuğum üzerine. Yükselme anlamında iş teklifleri alıyorum ancak ilgilenmiyorum. Artık benim için hiçbir anlamı kalmadı bunların. Hiçbir şey ifade etmiyor bu gibi şeyler bizim için.

Yasal mevzuat olayına gelince; bir an önce Avrupa Birliği'ne girelim istiyorum. Amerika'da da bu iş çok gelişmiş. Orada otistik insanların, yetişkinliklerinde yaşayabilecekleri birtakım merkezler var. 2010'da bile olsa bu merkezlerin burada da oluşması için Avrupa Birliği'ne girelim istiyorum. Biz öldükten sonra bu çocuk ne olacak?... İnsanlara ulaşsam, bu işin örgütlenmesini, bayraktarlığını yapabileceğimi düşünüyorum, ama buraya (bu okula) gelenler daha çok anneler. Yasaların iyileşmesini bekliyorum. Bu tür kurumların Türkiye'de de oluşmasını sağlayacak yasaların çıkmasını bekliyoruz.

Benim tek istediğim; biz öldükten sonra S.'nin kendi yaşamını devam ettirip sokağa düşmemesi. Bence en kötü şey bu, bu tip insanların ileri yaşlarda sokakta kalması. Ben aslında, yaşamımın mümkün olduğunca kısa olmasını isterdim, ama artık çocuğum için uzun yaşamak istiyorum. Çocuğumu sokaktan kurtarmak adına, onun yaşamını biraz daha kolaylaştırabilmek adına bunu istiyorum...

Ben, bu çocukların, toplum tarafından sahiplenileceğine inanmıyorum, katlanılması zor insanlar... Bu işi ancak uzmanların halledebileceğine inanıyorum. Psikoloji alanında, özel eğitim alanında yetişmiş insanlar, özel düzenlenmiş çevre vb. şeyler de gerekir...

BABA 4

Ben çocuğum için eğitimi kesintisiz devam ettirmek istiyorum. Eğitime, oyun terapisine ve altı ayda bir olan kontrollerine devam edeceğiz. Bizim katkımız yazın biraz daha fazla oluyor. Parka götürme, gezdirme, kalabalık yerlere götürme gibi.

İnsanlarla kaynaşsın istiyoruz, işte bunun için çocuk tiyatrosuna götürüyoruz. Bu yaz, birtakım kurslara götürmeyi düşünüyoruz; yüzme ya da tenis gibi... Bir şeyleri irdelersek daha iyi olacak gibi geliyor. O kadar çok şey düşünüyoruz ki; çocuğuma en küçük bir katkı olsa bile, ben haftalar boyu bir yere gidip gelmeye razıyım. Sürekli "Biz buna ne katabiliriz" diye düşünüyoruz.

Gelecek sene için yine çalışmalara devam edeceğiz. O ilk aylık süreçten sonra benim A.'yla ilgili beklentilerim de çok yükseldi. O çoğu şeyi alıyor, bu benim oğlum ve onu çok seviyorum, onunla vakit geçirmeyi seviyorum, o istedikçe her şeyi yaparız, yapıyoruz ve yapmaya devam edeceğiz. Niye yapmayalım? Verdiğimiz çabanın karşılığını alıyoruz ve dahasını da veririz.

BABA 5

Örneğin; bu sene yine bu okula ve kreşe devam eder, iletişim sağlanmazsa, paylaşmayı bilmezse ne olacak? Kalemi defteri biliyor ama, öğretmeni dinlemezse, konuşamazsa zaten okula veremeyiz ve gelecek seneye kalabilir. Gelecek yıl da İ.'yi topluma kazandırmak için ne gerekirse yapacağız. Eğer o başarırsa Ankara'nın en iyi okulu neresiyse oraya göndereceğim. Oğlan diye çok kıymetli, –bizim oralarda oğlan çocuğunun başka bir kıymeti vardır– ne gerekirse yapacağız. Gelecekle ilgili umutluyuz. Bu yaz da kreşe göndereceğim, sonra da özel okula vereceğim, orada öğretmenler özel ilgilenir.

BABA 6

Biz, deniz kenarına gitmek istiyoruz, tatil yapmak, rahat rahat dolaşmak. Ortam çok maddi kaynaklara dayanıyor, çocuğunuzun istediklerini verebilmeniz için çok önemli bu. Y.'nin otizm denen şeyden kurtulmasını bekliyorum. Y. geriye doğru gidecek bir çocuk değil. Bu yılın geçen yıldan daha iyi olmasını bekliyorum.

BABA 7

İnsanın hayatta çok önemsediği şeyler vardır. Ama ben hayatta iki unsuru en başta istiyorum. Bunlar: Sağlık ve para. Öncelikle sağlık bekliyorum gelecekten. B.'yle beraber birtakım sıkıntılarımız oldu. Onun için çok harcamalarımız oldu, evimizi kaybettik. Biz, ailecek, paramız olmasa da bir şeyleri yapmaktan kaçınmadık onun için, borcumuz olsa da bankadan kredi çekip onun ihtiyaçlarını karşılamaya çalıştık. Bunun için gelecekten sağlık bekliyorum. Sağlık ve para olursa ben B. ile mutlu olabilirim.

BABA 8

Bundan sonraki hedeflerimizde yeni bir ev var, böyle tek katlı bir evimiz olsa; bahçeli, müstakil, B.'nin yaşantısı belki biraz daha sadeleşecek, durulacak. Şu an apartmanda oturuyoruz ve her dakika korkuyoruz, geçen senelerde sandalyeyle pervaza kadar çıktı, hep biz bu korkuyla yaşadık. Böyle müstakil bir evimiz olsa, bu çocuğun yaşantısının biraz daha normalleşeceğine inanıyorum ben, sıkıldığı zaman, kapıyı açtığında ve bahçede oynayabileceği bir ortam yakaladığında çok çok rahatlıyor. Ben hep, "Acaba daha iyi bir eğitim yeri var mı?" arayışı içerisindeyim; insanlar her zaman daha iyisini yakalamak peşindedirler, insanlarda hep bir doyumsuzluk vardır. Bence bu bizlerin en doğal hakkı ve ben hep araştırma içerisindeyim, ama sonuçta buradayız, belki bir yerde bir noksanımız vardır, bunları hep ileriye dönük düşünüyorum. Bunun yanı sıra B.'yi gözlemliyoruz "Acaba bir ilerleme var mı?" diye, günde bir tane de olsa deney yapıyoruz, "Acaba üstesinden gelebiliyor mu?" diye, veya "Hatırlayabiliyor mu?" diye, bunları zamana yayacağız ve bekleyeceğiz. Hep daha ileri ve zor şeyler yaptırmaya çalışıyoruz, çalışacağız ve öğretmeye çalışacağız. Elimizden gelen neyse en iyisini vermeye çalışacağız, pes etmek yok.

BABA 9

Gelecek yıl da umudum çocuğum için, inşallah konuşur, topluma girer, akranları seviyesine gelir veya yaklaşır. Bizim için de gene çocuk; çocuk böyle olursa, biz daha aktif oluruz. Kendimiz için de yarın ne getirir bilemiyoruz, hayat akıp gidiyor. Belki de emekli ederler, belki de hiç bakmazlar 'çocuğu varmış' diye, bunu iyi algılamıyorum. Bu B. için kötü olur herhalde, çocuk için parayı bekletemezsiniz, yatırım yapmak zorundasınız, emekli olduğunuzda da alacağınız maaş belli; yetersiz... Tayinim çıksa daha iyi olur diye düşünüyorum, o zaman daha iyi eğitim aldırmayı düşünürüz. Üç yıldır tayin için uğraşıyoruz, yönetim kurulu başkanlarına, genel müdürlere kadar çıktım, ama yapmadılar; topluma bir çocuk kazandıracağız, biz görevden kaçmıyoruz.

BABA 10

Benim tayin durumum söz konusu olduğu için, gelecek sene bizim için büyük bir belirsizlik. Okul bizim için çok önemli. Biz, çocuğumuz bir şey öğrendiği zaman çok mutlu oluyoruz. Oğlumuzu bir adım daha ileri götürmek, öğrendiklerinin üzerine bir şeyler eklemek, kelime dağarcığını genişletmek gibi hedeflerimiz var. Bunun için gelecek yıl da yine okuluna ve özel eğitime devam edecek.

Kendimle ilgili hiçbir hedef koyamıyorum. Ümidim sadece oğlum için değişik bir tedavi yöntemi çıkması yönünde, başka tekniklerin, ilaçların çıkması ve çocuğumun iyileşmesi. Her zaman, bir ilaç çıkar da oğlumuza yarar diye bekliyoruz, ama bu arada yapacağımız işten de geri kalmıyoruz.

Kendimle ilgili ne bekleyebilirim ki ben; keşke çocuğum iyileşse de dünyanın öbür ucuna da gidip 30 sene çalışsam.

Gelecek yıl da buradaki eğitimine devam etmesini istiyorum.

BABA 11

Ben her şeyin O. için çok güzel olacağına inanıyorum. Her şeyin O. için olumlu bir şekilde ilerleyeceğine inanıyorum. Ortaokuldaki görevimiz bitecek ve biz anne baba, aile olarak mutlaka başka bir okulda olacağız ve o okulda da yine biz olumlu bir ortamı sağlayacağız veya sağlamaya çalışacağız. Sağlamak zorunda olduğumu da biliyorum. 16 yıldan beri yapmış olduğumuz emekleri yarıda bırakmaya hiç niyetimiz yok. Ben O.'ya çok güveniyorum. O.'da daha ortaya çıkmamış çok büyük cevherler var. Çıktığı anda zaten önüne kimse geçemeyecek. O. istediği bir şeyi mutlaka yapar. "Ben okuyacağım" dedi okudu. "Ben şunu yapacağım, şuraya gideceğim" dedi ve dediği her şeyi yaptı O. ve şimdi "Ben doktor olacağım" diyor. Bu bir otistik çocuk, 700 çocuğun içinde okula tek başına gidip geliyor, beslenmesini açıp yiyor, ödevlerini yapıyor. Düşünebiliyor musunuz siz? Ben O.'nun daha iyi yerlere geleceğine inanıyorum da işte benim daha çok zaman ayırmam lazım O.'ya eğitimiyle ilgili olarak. Gidebileceğimiz yere kadar gideceğiz. Hatta O.'nun eğitim sorununu çözemezsem, emekli olup Ankara dışında küçük bir şehire gidip, orada yaşamayı ve O.'nun eğitimiyle orada birebir ilgilenerek her gün o okulda bulunup O.'yla beraber orada eğitim görmeyi bile düşünüyorum; böyle bir çözüm arayışı içerisindeyim. Düşünebiliyor musunuz 48 yaşındayım ve emekli olmayı düşünüyorum. Bu sektörde bu kadar çalışan özel dersaneler, özel kuruluşlar var ve hiçbirisi bu çocukları geleceğe hazırlamıyor.

SON SÖZ

"Toplum köstek oluyor. Dışarıda iken çocukların tavırlarına, seslerine hiç anlayış gösterilmiyor. Kötü bakıyorlar, bir şey söylüyorlar, bizleri hiç anlamıyorlar. Toplum çok bilinçsiz bu konuda. Ben çocuğumu dışarı çıkarıyorum, ama birçok anne baba bu nedenle çocuklarını evden çıkarmıyor. Toplum ittiği için aileler eve kapanıyor."

"Çocuğu normal olan anne babalardan bir şeyler beklerdim. En kötü durumda olan çocuk dahi olsa eğitim görmesini isterim. Gözleri görmese, tek bacağı olmasa bile herkesin aynı sınıfta eğitim görmesini isterim. Toplumun o seviyeye gelebilmesini isterim."

"Herkes için eğitim, herkes için eşit gelişim ve eğitim hakkı" en temel haklardan kabul edilmektedir. Farklı özelliklere sahip çocukların da normal yaşıtları gibi gelişmeye, eğitim görmeye ve tüm fısatlardan yararlanmaya hakları vardır. Ancak; ülkemizde, bu çok temel hak ve fırsatların, farklı özelliğe sahip çocuklar tarafından kullanılamadığını görmekteyiz.

Çocuklarının gelişimi için en iyi ortamları ve fırsatları hazırlamaya çabalayan anne babalar, bu kitapta da okuduğunuz üzere, çaresizlik ve ümitsizlik duygularını yoğunlukla yaşamakta ve "Bizden sonra çocuklarımıza ne olacak?" kaygısını taşımaktadırlar.

Bizler bu çocukları, ailelerini ve ihtiyaçlarını tanıdığımız ölçüde, onlara yakınlaşacağımıza, onlarla kaynaşacağımıza ve toplumumuzda bu çocuklar ve aileleri için hizmetlerin gelişmesi yönünde çaba sarf edeğimize inanıyoruz.

Gelin, dikkatimizi bu çocukların yapamadıklarından çok yapabildiklerine verelim.

Gelin, farklılıklarımızdan çok benzerliklerimizi görelim.

Gelin, bunu hep birlikte başaralım.

ÖZGÜR YAYINLARI

TÜRK KLASİKLERİ DİZİSİ
- PİR SULTAN ABDAL / Yaşamı ve Bütün Şiirleri / Cahit Öztelli
- KARACAOĞLAN / Yaşamı ve Bütün Şiirleri / Cahit Öztelli
- YUNUS EMRE / Yaşamı ve Bütün Şiirleri / Cahit Öztelli
- PİR SULTAN'IN DOSTLARI / Cahit Öztelli
- KÖROĞLU, DADALOĞLU, KULOĞLU / Cahit Öztelli
- BEKTAŞİ GÜLLERİ / Cahit Öztelli
- NEYZEN TEVFİK / Çeşitli Yönleriyle / Alpay Kabacalı
- ŞAİR EŞREF / Çeşitli Yönleriyle / Alpay Kabacalı
- FIKRALAR SEÇKİSİ / Alpay Kabacalı
- NASREDDİN HOCA / Hayatı, Kişiliği, Fıkraları / Alpay Kabacalı
- GÜL YAPRAĞIN' DÖKTÜ (Ağıtlar)/ Alpay Kabacalı
- MEVLANA CELALEDDİN
  Yaşamı, Felsefesi, Düşünceleri, Şiirleri / İsmet Zeki Eyuboğlu
- HACI BEKTAŞ VELİ / Yaşamı, Düşünceleri / İ.Zeki Eyuboğlu
- SÖMÜRÜLEN ALEVİLİK / İsmet Zeki Eyuboğlu
- KAYGUSUZ ABDAL / İsmet Zeki Eyuboğlu
- ERZURUMLU EMRAH / Yaşamı ve Bütün Şiirleri / Orhan Ural
- ANADOLU ERENLERİ / Nezihe Araz
- ANADOLU'NUN KADIN ERENLERİ / Nezihe Araz
- SEN LATİFE DEĞİL LATİFSİN/ Nezihe Araz
- AŞK PEYGAMBERİ (Hz. Mevlana) / Nezihe Araz
- BÜTÜN ÖYKÜLERİYLE MESNEVİ-İ ŞERİF / B. Babür Turna

DÜNYA KLASİKLERİ DİZİSİ
- BÜTÜN YÖNLERİYLE HAYYAM / Rubaileri / Rüştü Şardağ

MÜZİK KİTAPLIĞI
- NOTALARIYLA HALK TÜRKÜLERİMİZ / Nejat Birdoğan
- KÖMÜR GÖZLÜM (Türküler)/Bekir Karadeniz
- ELA GÖZLÜM (Türküler) / Bekir Karadeniz
- EVLERİNİN ÖNÜ / Türküler /Cahit Öztelli
- DİLİMİN UCUNDA (Güfteler) /Mesut Ersönmez
- ARMONİDE ÇÖZÜMLEME VE UYGULAMASI / Hüseyin Egemen
- KEMAN METODU / Hüseyin Egemen

ŞİİR DİZİSİ
- ŞİİR DENİZİ I. cilt / Ümit Yaşar Oğuzcan
- ŞİİR DENİZİ II. cilt / Ümit Yaşar Oğuzcan
- AŞKA DAİR NESİRLER / Ümit Yaşar Oğuzcan
- RUBAİLER DÖRTLÜKLER/ Ümit Yaşar Oğuzcan
- TAŞLAMALAR HİCİVLER I. cilt / Ü. Yaşar Oğuzcan
- TAŞLAMALAR HİCİVLER II. cilt / Ü. Yaşar Oğuzcan
- ANILAR DÜŞÜNCELER / Ü. Yaşar Oğuzcan
- AŞK ŞİİRLERİ ANTOLOJİSİ / Alpay Kabacalı
- DÜNYA AŞK ŞİİRLERİ ANTOLOJİSİ / Eray Canberk
- AŞK VE HÜZÜNDÜR İSTANBUL / Atilla Birkiye

EĞİTİM DİZİSİ

- ÇOCUK RUH SAĞLIĞI / Prof. Dr. Atalay Yörükoğlu
- GENÇLİK ÇAĞI / Prof. Dr. Atalay Yörükoğlu
- DEĞİŞEN TOPLUMDA AİLE VE ÇOCUK / Prof. Dr. A. Yörükoğlu
- ÇOCUK YAŞKEN EĞİLİR / Dr. Fitzhugh Dodson
- BABA GİBİ YAR OLMAZ / Dr. Fitzhugh Dodson
- ÇOCUK EĞİTİMİ (Montessori Metodu) / Maria Montessori
- ÇOCUK YEMEKLERİ VE SAĞLIKLI BESLENME / Prof. Dr. Ayşe Baysal- Prof. Dr. Perihan Aslan
- OYUN - ÇOCUK - TİYATRO / Prof. Dr. Özdemir Nutku
- MEYDAN OKUYAN ÇOCUK / Prof. Dr. Stanley I. Greenspan
- ÖZEL GEREKSİNİMLİ ÇOCUKLAR / Prof. Dr. Stanley I. Greenspan
- BEBEKLERDE VE ÇOCUKLARDA SAĞLIKLI RUHSAL GELİŞİM / Prof. Dr. Stanley I. Greenspan
- BOŞANMA VE ÇOCUK ÜZERİNE ETKİLERİ / Y. Walczk - S. Burns
- OKUL ÖNCESİ DÖNEM EĞİTİMİ VEREN KİŞİ VE KURUMLAR İÇİN BESLENME EĞİTİMİ REHBERİ / Prof. Dr. Türkan Kutluay Merdol
- İŞİTME ENGELLİ ÇOCUKLARIN EĞİTİMİNDE TEMEL İLKELER / Doç. Dr. Mesude Atay
- İLK ÖĞRETİMDE SOSYAL BECERİLERİN GELİŞTİRİLMESİ (Öğretmen El Kitabı) / Prof. Dr. Füsun Akkök
- İLK ÖĞRETİMDE SOSYAL BECERİLERİN GELİŞTİRİLMESİ (Anne-Baba El Kitabı) / Prof. Dr. Füsun Akkök
- BAYAN PERŞEMBELER / Prof. Dr. Füsun Akkök
- YAŞAMIN DİĞER BİR PENCERESİ: OTİSTİK ÇOCUK BABALARI VE DUYGULARI / Prof. Dr. Füsun Akkök
- ANA BABALIK SANATI (İlk Beş Yıl) / Robin Goldstein
- ÇOCUĞUNUZUN BECERİLERİNİ NASIL GELİŞTİREBİLİRSİNİZ? / Raelynne P. Rein-Rachel Rein
- ÜSTÜN ZEKÂLI VE YETENEKLİ ÇOCUKLARIN EĞİTİMİ / Norma E.Cutts-Nicholas Moseley
- OTİZM VE OTİSTİK ÇOCUKLAR / Doç. Dr. N.Darıca- Uzm. Ş.Gümüşçü - Uzm. Ü.Pişkin
- APTAL ÇOCUK YOKTUR! / Renate Fischer-Tietze
- BENİ ANLAYIN LÜTFEN / Katharine Zimmer
- ÇOCUKLARA OYUNLAR / Leslie Hamilton
- ÇOCUKLARDA DEPRESYON / Jefrey A. Miller
- ANNE ADAYLARININ EŞLERİNDEN İSTEDİKLERİ / M.Dichler - S.Moss
- HİPERAKTİF ÇOCUKLAR VE RİTALİN / Prof. Dr. İsmail Ersevim
- ANNENİN KILAVUZU / Turgay Atasü-Derin Kösebay
- SEVMEK KOLAY EĞİTMEK ZOR / Becky A. Bailey